Der große Tuilerienentwurf in der Überlieferung Ducerceaus

von
Denis André Chevalley

Herbert Lang Bern
Peter Lang Frankfurt/M.
1973

ISBN 3 261 00858 X

©

Peter Lang GmbH, Frankfurt/M. (BRD)
Herbert Lang & Cie AG, Bern (Schweiz)
1973. Alle Rechte vorbehalten.

Nachdruck oder Vervielfältigung, auch auszugsweise, in allen Formen
wie Mikrofilm, Xerographie, Mikrofiche, Mikrocard, Offset verboten.

Druck: Lang Druck AG, Liebefeld/Bern (Schweiz)

Gliederung   Seite

   I. DER GRUNDRISS 7
      a) Einleitung 7
      b) Beschreibung des Tuileriengrundrisses 8
      c) A. Blunts Rekonstruktion 14
      d) Der Grundrißtypus der Hausmitte mit vier Trabanten . 17
      e) Das Schema der fünfhöfigen Anlage mit großem Mittelhof 23
      f) Die durchgehende Zimmerflucht 39
      g) Die Achsialität 42
      h) Vergleich mit St Maur 43

  II. DER BAUGEDANKE 45
      a) Der Palaestra-Palast 45
      b) Die ovalen Säle 52

 III. DER AUFRISS 61
      a) Die Zeichnungen 61
      b) Beschreibung des Tuilerienaufrisses 63
      c) Die Eingeschossigkeit 67
      d) Das Fenstersystem 7o
      e) Die Rahmenkomposition 73
      f) Die Reihung 74

 IV. DIE BAUGESCHICHTE 76
BIBLIOGRAPHIE 85
ANMERKUNGEN 95
ABBILDUNGSTEIL 1o5

I. DER GRUNDRISS

a) Einleitung

Der Entwurf zum Bau des Tuilerien-Palastes unter Katharina von Medici, wie er durch Ducerceau überliefert ist, hat immer schon ein gewisses Befremden ausgelöst. Dieses Befremden ist auf die große Ausdehnung der geplanten Anlage und auf die sowohl im Grundriß, als auch im Aufriß ungewohnten Bauformen zurückzuführen und drückt sich darin aus, daß bisher kaum ein ernsthafter Versuch unternommen wurde, diese Architektur eingehend zu interpretieren. In seinem Stichwerk über die schönsten Schlösser Frankreichs ("Les plus excellens bastimens de France") führt Ducerceau im zweiten Band (1579) folgende bildlichen Darstellungen der Tuilerien an:

- den großen Palastgrundriß mit der Beischrift: "le plan de l'édifice tel qu'il sera estant parachevé" (der Plan des Gebäudes, so wie es nach seiner Vollendung sein wird);

- den Grundriß der Gesamtanlage, Palast und Garten umfassend, mit der Beischrift "le plan général tant du bastiment comme il doit estre parachevé que du jardin comme il est de présent" (der Gesamtplan sowohl des Gebäudes, wie es vollendet werden soll, als auch des Gartens, wie er gegenwärtig besteht);

- die Aufrisse der Garten- und Hoffassade des mittleren Gartenflügels mit den Beischriften "face du costé des jardins" (Gartenseite) und "face dans la court" (Hofseite).

Im British Museum in London werden die Vorzeichnungen zu den Stichen aufbewahrt:

Abb. 1	- der große Palastgrundriß (BM 78);
Abb. 2	- der Grundriß der Gesamtanlage (BM 77);
Abb. 3	- ein Blatt mit den Garten- und Hofaufrissen des mittleren Gartenflügels in ihrer ganzen Ausdehnung (BM 82);
Abb. 4/5	- Detailzeichnungen der Fassadengliederung der Garten- und Hofseite des mittleren Gartenflügels (BM 83 und 84).

Darüber hinaus befinden sich im British Museum drei Darstellungen, die in das Stichwerk keinen Eingang gefunden haben:

	- Ein Grundriß des Gartens (BM 79);
Abb. 6	- eine Kavaliersperspektive der Palastanlage (BM 8o);
Abb. 7	- eine Zentralperspektive der Palastanlage (BM 81).

Die Authentizität der Angaben Ducerceaus ist immer schon in Zweifel gezogen worden, wobei in erster Linie der Grundriß Mißtrauen erregte. Berty bemängelt in seinem grundlegenden topographischen Werk aus der Zeit des zweiten Kaiserreiches die Ungenauigkeiten des Ducerceau-Grundrisses, bildet ihn aber in einer etwas systematisierten Form ab und gibt dazu folgenden Kommentar (1): "Im zwei-Band der "plus excellens bastimens de France", der 1579 herausgeben wurde, ist die Tafel des Ducerceau offensichtlich in ihren Einzelheiten sehr ungenau; da wir aber über die Korrekturen, die anzubringen wären, keine unbedingte Sicherheit besitzen, haben wir es vorgezogen, sie so wiederzugeben, wie sie gestochen wurde, bis auf die Teile, die wirklich gebaut worden sind." In jüngerer Zeit ist der Versuch einer Grundriß-Rekonstruktion gemacht worden. Anthony Blunt schließt in seiner Monographie über Philibert Delorme aus den Unvereinbarkeiten, die zwischen den verschiedenen Ducerceau-Zeichnungen bestehen, daß der Tuilerienplan der "plus excellens bastimens de France" nur wenig mit dem Schloß gemein haben könne, das unter der Führung Delormes für Katharina von Medici gebaut werden sollte und als ein Phantasieprodukt des Stechers anzusehen sei. Er verwirft die überlieferte fünfhöfige Anlage und schlägt ein einhöfiges Geviert mit betontem Corps-de-logis vor. (2)

Wir sind der Ansicht, daß die von Ducerceau überlieferte Fünfhofanlage durchaus glaubwürdig ist und dem Entwurf des Delorme entspricht. Die Ungenauigkeiten und die etwas flüchtige Machart der Zeichnung und des Stiches zum Grundriß lassen nicht ohne weiteres auf Unsicherheiten in den Grundzügen des Planes schließen, sondern hängen in einer viel allgemeineren Weise mit dem Zweck dieser Darstellungen zusammen. Es wäre verkehrt, in den Bildern zu den "plus excellens bastimens de France" zu einem Werk, das kein Architekturbuch, sondern eine topographische Chronik darstellt, Bauzeichnungen erblicken zu wollen.

b) <u>Beschreibung des Tuilerien-Grundrisses</u>

Abb. 1   Der große Grundriß zeigt das Erdgeschoß des Palastes. Die Gesamtform ist ein Rechteck; in dessen Breite liegt die Hauptachse, in dessen Länge die Querachse der Anlage. Zwei zur Hauptachse parallel verlaufende Riegel trennen einen großen Mittelhof von kleineren Nebenhöfen, die ihrerseits durch quer gelagerte, ovale Säle zerteilt sind. Es entsteht eine fünfhöfige Anlage mit großem Mittelhof. Der Mittelhof, der rechteckigen Grundriß besitzt, liegt mit seiner langen Seite in der kurzen Seite des Gesamtrechtecks.

Das Gesamtrechteck ist festgelegt durch im rechten Winkel zusammenstoßende, gleich breite Zimmerfluchten, an die in den Langseiten außen eine Verdoppelung angebracht ist, die abwechselnd aus Pavillon-Anbauten und zwischen diesen liegenden Verbindungstrakten besteht. Die Verdoppelung greift über die Langseiten hinaus ein Stück auf die Kurzseiten über, so daß in den Ecken des Gesamtrechteckes L-förmige Pavillons entstehen. Die einzige Abweichung von dieser klaren Grundriß-Struktur bildet der große Saal mit Treppenaufgang und Tribunal, der am Ende der einen Langseite die volle Breite von einfacher Zimmerflucht und Verdoppelung einnimmt und dadurch den sonst überall durchgehenden, Zimmerflucht und Verdoppelung trennenden Mauerzug verwischt. (3)

Die Langseiten zeigen in Frontalansicht eine Gliederung in Mittelpavillon, inneren Rücklagen, inneren Pavillons, äußeren Rücklagen und Eckpavillons; die Kurzseiten eine solche in kleinem Mittelpavillon, Rücklagen und großen Eckpavillons.

Der Palast ist in seiner Hauptachse Ost-West gerichtet. Die durch den Treppenhaus-Mittelpavillon gekennzeichnete Langseite liegt im Westen, auf der Gartenseite, und soll als Gartenflügel bezeichnet werden. Die andere Langseite, deren Mittelpavillon deutlich zweigeteilt in ein breiteres Vestibül und ein schmaleres Atrium zerfällt, liegt im Osten, auf der Stadtseite, und soll Stadtflügel genannt werden.

Der Gartenflügel:

Die Mitte des Gartenflügels nimmt ein Treppenhaus ein, das vom Hof aus direkt, vom Garten aus indirekt über eine Vorhalle betretbar ist. Die Stufenabfolge ist einer in das Treppenhaus quer gelegten Ellipse zugeordnet. Am Hofeingang links beginnt der oval geschwungene Treppenlauf, der zum Obergeschoß führt. Am Durchgang zur Vorhalle ist er abgebrochen, und es erscheinen unter ihm die Stufen, die vom höher gelegenen Hof zum Gartenvorplatz vermitteln.

An das Treppenhaus schließen sich nach Norden und Süden symmetrische Zimmerfluchten an; bis zur durch die gesamte Gebäudetiefe gehenden Brandmauer entsprechen sie einander genau und bestehen aus langrechteckigem Zimmer, zwei gleich großen, rechteckigen Zimmern, zwischen die eine Treppe geschaltet ist, und quadratischem Zimmer; darauf folgt nach Norden der große, die Breite von Zimmerflucht und Verdoppelung einnehmende Saal, während nach Süden die einfache Zimmerfolge fortgesetzt wird mit langrechteckigem Zimmer, quadratischem Zimmer und Flur.

Die schmalen, zwischen dem Mittel- und den beiden inneren Pavillons verlaufenden Verbindungsteile der Verdoppelung bestehen aus 13-achsigen Arkadengängen. Man betritt sie von der Vorhalle und den inneren Pavillons, nicht aber von der Zimmerflucht aus. Darin offenbart sich ein paralleles Nebeneinanderbestehen von eigentlichem Gebäudetrakt und Verdoppelung, das dem Strukturschema des Doppelflügels entspricht.

Abb. 6/7 Diese Parallelisierung wird aber in den inneren Pavillons durchbrochen. Die Schaubilder (die Kavaliers- und die Zentralperspektive des British Museum) legen nahe, daß nur die vorspringenden Teile der Verdoppelung Pavillonbauten sind, hinter denen der einraumtiefe Hauptflügel ohne Betonung gleichmäßig weiterläuft. Der Grundriß suggeriert aber im Gegensatz zu dieser, der Doppelflügel-Konzeption adäquaten Darstellung die Vorstellung von großen, die ganze Gebäudetiefe einnehmenden Pavillon-Blöcken, die vier-Zimmer-Wohneinheiten enthalten. Dieser Eindruck wird vornehmlich hervorgerufen durch die jeweils vier Zimmer aussparenden, inneren Mauerkreuze, durch die nach Norden und Süden den ganzen Flügel durchtrennenden Brandmauern und durch die geraden, der Zimmerflucht zwischengeschalteten Treppen, die als für den Binnenverkehr innerhalb eines Pavillon-Blocks geeignet erscheinen.

Nach Süden sitzt in der Verdoppelung zwischen innerem und Eckpavillon eine 7-achsige Verbindungsgalerie, ohne Zugang zur Hauptzimmerflucht. Der Eckpavillon enthält zum Garten hin zwei quadratische Zimmer. An das Eckzimmer schließt sich im südlichen Pavillon-Knick ein zwei-Apsiden-Raum mit innerer Säulenstellung an. Nach Norden folgt auf die Brandmauer der große, die ganze Gebäudetiefe einnehmende Saal. Auf die Länge der äußeren Rücklage besitzt er, wie die südliche Verbindungsgalerie, sieben Achsen. Den Mauerpfeilern sind im Innern jeweils Doppelsäulen vorgestellt. Beim Einsatz des Eckpavillons erfolgt eine Einschnürung, in der sich rechts und links die Zugänge zu zwei Nebenräumen befinden. Auf sie folgt in der Längsachse des Saales unmittelbar eine große Treppe. Sie führt in das Tribunal hinauf, das als zur Saalaches quergelegtes, langes Rechteck die ganze Ausdehnung der nördlichen Eck-Verdoppelung einnimmt.

Dem mittleren, zwischen den inneren Pavillons eingespannten Teil des Gartenflügels ist eine regelmäßige Achsengliederung zugrunde gelegt. Hinter dem Arkadengang ist jeweils jede zweite Achse durchfenstert, wobei die Reihe am Mittelpavillon gleich mit einem Fenster beginnt. Auf der Hofseite ist durch die Durchfensterung zweier benachbarter Achsen auf beiden Seiten des Treppenhaus-Pavillons im Bezug auf die Gartenseite eine synkopische Verschiebung von offen und geschlossen erreicht, so daß in den Räumen der Zimmerflucht immer ein Fenster einem geschlossenen Wandstück gegenüberliegt.

Die Achsenbreite des mittleren Gebäudeteils findet sich wieder in den äußeren Rücklagen der Gartenfront angewandt, wo sie die Gliederung der Verbindungsgalerie im Süden und des großen Saales im Norden bestimmt.

Die rhythmische Abfolge Fenster - Nische der Pavillonbauten ist dieser Achsenbreite nicht verpflichtet. Die Fronten der Eckpavillons sind breiter als diejenigen der inneren Pavillons, so daß sich für sie bei gleicher Einteilung in drei Fenster- und vier Nischenfelder in der Horizontalen gedehntere Verhältnisse ergeben.

In den äußeren Rücklagen ist keine Durchfensterung angegeben. Sowohl im großen Saal, als auch in der Verbindungsgalerie, erscheinen zwischen den Mauerpfeilern geschlossene Mauerzüge von der Dicke der Doppelstriche, die für Fenster- und Arkadenöffnungen verwandt sind.

Die Fassadengliederung zu den Nebenhöfen hin ist im Norden und Süden verschieden. Im Süden ist beiderseits des mit Doppelsäulen geschmückten Mittelportals die Achseneinteilung der mittleren Hoffassade angebracht, wobei sich jeweils eine Abfolge von drei Fenstern mit zwei Zwischenfeldern ergibt. Diese Gliederung gerät mit der inneren Disposition in Konflikt: der eine Ast des großen, inneren Mauerkreuzes mündet genau in das mittlere Fenster der einen Fassadenhälfte. Im Norden ist dieser Zusammenstoß durch die Wahl einer geringeren Achsenbreite vermieden; die eine Fassadenhälfte zerfällt in vier Fenster mit drei Zwischenfeldern; dadurch verliert sie aber den symmetrischen Zusammenhang mit der anderen Fassadenhälfte, die als Hoffront des großen Saales nach der Achsenbreite des mittleren Gebäudeteils gegliedert ist.

Stadtflügel:

Der Stadtflügel ist nur scheinbar eine Replik des Gartenflügels. In Wahrheit unterscheidet er sich von ihm in wesentlichen Punkten. Zunächst fällt auf, daß die Zimmerflucht nicht durchgeht, sondern zweimal durch die den Haupthof säumenden Verbindungsarme unterbrochen wird, die in den Stadtflügel hineinreichen und ihm nicht stumpf angeschlossen sind, wie dem Gartenflügel. Dann bildet die Verdoppelung keine eigene, der Zimmerflucht parallel beigegebene Abfolge von Räumen, sondern sie erscheint aus Einzelteilen zusammengesetzt, die in Abhängigkeit von der Zimmerflucht stehen, von ihr aus betretbar sind und untereinander keine Verbindung besitzen.

Die Mitte des Flügels nehmen zwei hintereinander geschaltete Eingangshallen ein: in der Verdoppelung sitzt ein breites, dreischiffiges Vestibül, dessen Front durch ein dreitoriges Triumphbogenmotiv ausgezeichnet ist, und dahinter folgt in der Zimmerflucht ein schmaleres Atrium. Vestibül und Atrium zusammen bilden einen Durchgang, der in den Haupthof führt. Vom Atrium gehen nach Norden und Süden symmetrische Zimmerfluchten aus, die am Einschnitt der Verbindungsarme enden. Sie bestehen aus Zimmer, Treppenflur, Zimmer mit Kabinett, Zimmer. Diese Räume haben im Gegensatz zu den entsprechenden Zimmern des Gartenflügels nur auf der Hofseite Fenster.

Die ihnen zur Stadtseite hin vorgelegten, zwischen Mittel- und inneren Pavillons eingespannten Arkadengänge sind blind. Sie besitzen Zugänge zum Vestibül und zu den im rechten Winkel mit ihnen zusammenstoßenden Verbindungsarmen. Sie sind 9-achsig. Diese im Vergleich mit den analogen Arkadengängen des Gartenflügels geringere

Achsenzahl erklärt sich daraus, daß die Achsenbreite hier stärker bemessen, der Mittelpavillon breiter ist, die inneren Pavillons zur Mitte hin gleichfalls an Breite gewonnen haben und die Arkadenreihen nicht unmittelbar an den einfassenden Pavillons beginnen, sondern jeweils ein von Doppelsäulen besetztes Stück Mauer den Übergang bildet.

Da die Gliederung der Hoffassade diejenige der gegenüberliegenden Front widerspiegelt und somit den Achsenabständen des Gartenflügels gehorcht, ergibt sich für den mittleren Stadtflügel eine Unvereinbarkeit im Achsensystem zwischen Zimmerflucht und Verdoppelung.

Die Zimmerflucht wird nach den durch das Eingreifen der Verbindungsarme in den Flügel bedingten Unterbrechungen beiderseits fortgesetzt mit Treppe, Zimmer, Zimmer, Treppe. Nach Norden mündet sie in die lange Galerie, die den nördlichen Kurzflügel bildet und - analog zu den Verbindungsarmen - dem Gartenflügel stumpf angeschlossen ist, in den Stadtflügel aber bis zum inneren Mauerzug vorstößt. Nach Süden ist sie um Zimmer und Flur erweitert.

In der Verdoppelung beherbergen die inneren Pavillons zwei symmetrisch angelegte Kapellen. Sie besitzen je einen einzigen Zugang von den Verbindungsarmen her, der dadurch ermöglicht wird, daß die Pavillonkörper zur Mitte hin etwas in die Länge gezogen sind. Durch diese Längung werden die Fronten der inneren Pavillons in ihrer Ausdehnung denen der Eckpavillons angeglichen, so daß auf der Stadtseite, im Gegensatz zur Gartenseite, alle Pavillonfassaden nach denselben Achsenabständen gegliedert erscheinen. In den äußeren Rücklagen sind vier kleine Zimmer angebracht, die von der Zimmerflucht abhängen. Die Eckpavillons enthalten zur Stadtseite hin je zwei Räume. Deren Trennwand bildet im Süden die Fortsetzung der Kurzflügelfront, und sie mündet in das mittlere Fenster. Im Norden ist das mittlere Fenster durch eine leichte Verschiebung der Trennwand frei gehalten. Die Fassadengliederung zu den Nebenhöfen hin ist im Norden und Süden gleich. Sie besteht beiderseits der Mittelportale aus je drei Fenstern mit zwei Zwischenfeldern und entspricht damit der Einteilung der südlichen Hoffront des Gartenflügels bis auf die Pilasterordnung, die im Stadtflügel fehlt.

<u>Die Kurzflügel</u>:

Im Gegensatz zu den Langflügeln sind sowohl der nördliche und der südliche Kurzflügel, als auch die beiden inneren, die Langseiten des Haupthofes bildenden Verbindungsarme, nur einraumtief.

Die inneren Verbindungsarme sind durch Pfeilerarkaden zum Haupthof geöffnet, deren Achsenbreite weder mit den Öffnungen auf der Gartenseite, noch mit denjenigen auf der Stadtseite übereinstimmt. Zu den Nebenhöfen sind sie bis auf kleine Durchlässe geschlossen. In der

Mitte besitzen sie Zugänge zu den angrenzenden ovalen Sälen. Unmittelbar am Gartenflügel, an den sie stumpf anstoßen, sind aus ihrer Breite durch innere Wandeinteilungen je ein Zimmer mit Treppe abgegrenzt.

Der nördliche Kurzflügel enthält eine lange Galerie. In der Mitte, vor der Öffnung zum ovalen Saal, ist ihm ein schmaler Eingangspavillon vorgelegt, der nach dem dreitorigen Triumphbogenmotiv eingeteilt ist und zwei kleine Treppen beherbergt.

Der streng symmetrisch komponierte, genau zwischen Garten- und Stadtflügel eingepaßte, südliche Kurzflügel besitzt in seiner Mitte einen analogen Torpavillon und enthält eine Galerie, die nach beiden Seiten durch die Einfügung eines Zimmers mit Treppenhaus nebst parallel laufendem Flur verkürzt ist. In der Einknickung der Eckpavillons sind zwei hervorstechende Apsidenräume mit innerer Säulenstellung untergebracht.

Die Fassadengliederung der Kurzflügel zu den Nebenhöfen hin richtet sich nach der Pilasterordnung der gegenüberliegenden, blinden Rückwände der inneren Verbindungsarme, wobei offene und geschlossene Fenster alternieren. Nach außen erfolgt die Durchfensterung der Kurzflügel nach anderen Gesichtspunkten, so daß in den Galerien die Längswandteilungen nicht aufeinander bezogen sind. Im Norden sind über die Länge der Rücklagen jeweils fünf Fenster gleichmäßig verteilt, während im Süden eine kompliziertere Aufteilung nach den Achsenabständen einer eigenen Pilasterordnung herrscht, in der offene und geschlossene Felder abwechseln, zum Teil aber auch Nischen vorkommen.

Die ovalen Säle:

Die ovalen Säle sind zwischen inneren Verbindungsarmen und Kurzflügeln eingespannt und durchtrennen die von diesen eingeschlossenen Hofräume. Sie liegen in der Querachse der Palastanlage. Die Apsiden, mit denen sie an die Kurzflügel und an die Verbindungsarme anstoßen, sind durchbrochen, so daß sie eine Verbindung von den im Süden und im Norden liegenden Torpavillons zum Haupthof herstellen. Im Innern besitzen sie eine arenenförmige, über Stufen erfolgende Eintiefung, um die ein säulenbesetzter Umgang läuft. In ihrer Querachse sitzen breite, dreiteilige Triumphtore, in denen ein Treppenlauf fehlt, der von der Vertiefung zur Erdgeschoßebene vermitteln sollte.

Die Höfe:

Alle fünf Höfe sind Stufenhöfe mit vertiefter Arena und Umgang in Erdgeschoßebene.

Abb. 2   Der Grundriß der Gesamtanlage zeigt den Palast in Verbindung mit dem Garten. Der Palast hat eine Vertauschung seiner nördlichen und südlichen Teile erfahren: Der Basilica-Saal des Gartenflügels und die daran anschließende Galerie des Kurzflügels, die im großen Grundriß im Norden lagen, sind jetzt nach Süden gekehrt, während der symmetrisch angelegte, die beiden säulenumstellten Apsidenräume enthaltende Kurzflügel, der den südlichen Abschluß bildete, nach Norden gewandert ist.

Der Palast stößt mit seiner Stadtfront an den Wassergraben der Stadtbefestigung, über den in der Vestibülachse eine Brücke geworfen ist.

Im Norden sind zwei Stallungsgebäude dem Kurzflügel des Palastes symmetrisch zugeordnet. Das westliche ist in seinen Grundrißangaben voll ausgeführt, das östliche hingegen nur in seinem Umriß angedeutet. (Dies ist darauf zurückzuführen, daß nur das westliche errichtet wurde.) Die Stallgebäude bestehen aus je einem langgestreckten, zum Kurzflügel des Palastes parallel verlaufenden Trakt, der die Stallungen enthält, und einem im rechten Winkel dazu gestellten Haus für die Stallmeisterei, das in der Flucht der Palastlangseiten liegt; der Winkel zwischen beiden Bauteilen ist durch eine konkav eingeschwungene Giebelfront ausgefüllt. Westlich der Stallgebäude erstreckt sich an der nördlichen Langseite des Gartens die Pferdebahn.

Der allseits von einer Mauer eingeschlossene Garten besitzt annähernd rechteckigen Grundriß. Die Langseiten sind zur Hauptallee, die auf die Palastmitte bezogen ist, nicht genau parallel, sondern gehen nach Westen etwas auseinander, wobei die südliche dem Seine-Ufer folgt und die nördliche dem Verlauf des Faubourg St. Honoré angeglichen ist. Der westliche Abschluß ist schräg und weitet sich in der Mittelachse zu einem Hemizyklus. Die östliche, der Gartenfront des Palastes zugekehrte Mauer verläuft nicht gerade, sondern bildet nördlich der Hauptallee einen Winkel. Zwischen Schloß und Garten entsteht ein straßenartiger Vorplatz. Der Garten ist schachbrettartig aufgeteilt: die Alleen sind rechtwinklig durchgezogen und lassen rechteckige Felder entstehen, die verschieden genutzt sind.

c) A. Blunts Rekonstruktion

A. Blunt erscheint die komplizierte, fünfhöfige Anlage unglaubwürdig. Besonders die seitlichen Teile in ihrer etwas starr komponierten, symmetrischen Entsprechung kommen ihm irreal vor, und er versucht, sie auszuschalten, indem er die Nebenhöfe mit den ovalen Sälen als phantastische Hinzufügungen des Stechers erklärt. Für eine Rekonstruktion des ursprünglichen Projekts schlägt er eine einhöfige Form vor, die sich an bekannte französische Bildungen des 16. Jhdts anlehnt. Dazu gibt er folgende, schematische Planskizze an: (4)

an den von Ducerceau übernommenen, mittleren Gartenflügel stossen beiderseits Eckpavillons an, die mit den entsprechenden Bauteilen des Ducerceau-Grundrissen nicht mehr übereinstimmen; sie verdoppeln sich in Richtung der Hauptachse, so daß ein Corps-de-logis in flacher U-Form entsteht; dieses ist durch zwei schmale Arme mit dem Stadtflügel verbunden, der, frontal gesehen, die Gliederung des Gartenflügels in Mittelrisalit und Eckpavillons wiederholt, aber deutlich untergeordnet bleibt. Die Doppelpavillons des Corps-de-logis sind in ihrer Artikulierung nicht weiter ausgeführt, als seitliche Blöcke aber in deutlichen Gegensatz zu den zum Stadtflügel vorstoßenden Verbindungsarmen gebracht.

Für diese Rekonstruktion beruft sich A. Blunt auf den zweiten Entwurf Delormes für Schloß St Maur und auf den Grundriß des Luxembourg-Palastes; zwischen ihnen erblickt er eine direkte Entwicklungslinie, in die er die einhöfigen Tuilerien als Zwischenglied einfügen möchte.

Abb. 8

St Maur besteht im ersten Entwurf Delormes aus einem gleichmäßigen, aber gerichteten Hofgeviert. (5) Die einraumtiefen Schloßflügel besitzen alle die gleiche Breite und sind ohne Eckbetonungen, nach dem Raster zusammengefügt. Die Gerichtetheit der Anlage kommt darin zum Ausdruck, daß der Eingangstrakt etwas zurückgenommen ist, die Seitenarme um ein Geringes über ihn hinausstoßen und ihn zwischen sich nehmen. Der Gerichtetheit entsprechend erscheint der dem Eingangstrakt gegenüberliegende Gartentrakt achsengerecht gegliedert und durch die Mitteltür mit der großen Freitreppe betont. Von diesem Projekt für den Kardinal Du Bellay wurde zwischen 1541 und 1544 nur der Gartentrakt ausgeführt. Der Bau blieb danach liegen, bis Katharina von Medici das Anwesen erwarb und den Entschluß faßte, das Schloß durch Philibert Delorme nach einem erweiterten Plan vollenden zu lassen. Zeichnungen im British Museum werden mit diesem zweiten

Abb. 9

Bauvorhaben in Zusammenhang gebracht (6). Dieser zweite Entwurf unterscheidet sich vom ersten Projekt wesentlich durch die Hinzufügung an das alte Geviert von Pavillons nach außen und einer den Hof auf drei Seiten umgebenden Terrasse nach innen. Die neuen Pavillons bilden jeweils Zweiergruppen, die sich den Seitenarmen des alten Gevierts anschmiegen, über die Gartenfront hinausstoßen und dadurch dem Gartentrakt zugeordnet zu sein scheinen.

Fig. I d

Der Luxembourg-Palast (7) erscheint zunächst ebenfalls als eine nach dem einfachen Hofgeviert angeordnete, gerichtete Anlage; hier hebt sich aber der mit Pavillons besetzte Gartentrakt als Corps-de-logis deutlich heraus, während der auf ihn bezogene, ähnlich wie in St Maur zwischen die Seitenarme geschobene Eingangsflügel untergeordnet bleibt.

Beide Anlagen empfindet A. Blunt als verwandt, und er erklärt die Disposition des Luxembourg-Palastes als aus der Weiterentwicklung des zweiten Entwurfs für St Maur unmittelbar erwachsen: die Anfügung der Pavillonbauten an das einfache Geviert von St Maur I bedeute eine Überwindung der einfachen Form des Quadrangels, mit dem Ziel, den Gartentrakt in deutlicher Überordnung als Corps-de-logis auszubilden und die Seitenarme mit dem Eingangsflügel im entsprechenden Verhältnis zu entwerten; die Pavillonanbauten von St Maur II seien in Analogie zu den Pavillons des Luxembourg-Palastes und als deren direkte Vorläufer aufzufassen; der Luxembourg-Palast stelle die absolut reine Form einer Konzeption dar, die in St Maur II bereits angebahnt sei, die nämlich eines selbständigen, aus Flügel und Pavillons bestehenden Haupthauses, dem ein von zwei Seitenarmen und einem Eingangsflügel eingefaßter Hof vorgelagert ist.

A. Blunt leitet aus der verschiedenen Verteilung von Baukörpergewichten verschiedene typische Bildungen ab. In der angenommenen Entwicklungsreihe fungiert die einhöfige Tuilerienrekonstruktion als stützendes Zwischenglied.

Leider ergibt eine Untersuchung nach Bautypen, daß St Maur und der Luxembourg-Palast nicht miteinander verknüpft werden können; mit dem Erlöschen der von A. Blunt postulierten Entwicklungsreihe verliert die einhöfige Tuilerienrekonstruktion ihren Nährboden.

Eine Untersuchung nach den Haupttypen der Grundrißbildung bietet die Möglichkeit, in Mischbildungen die reinen, einem Haupttypus zugehörigen Züge besser herauszuschälen und dadurch Fehlinterpretationen weitgehend auszuschalten.

Abb. 9

Es soll versucht werden, die Erweiterungen von Schloß St Maur besser zu kennzeichnen: die beiderseits des Gartentraktes neu angefügten Teile bestehen jeweils aus einem nur einen Raum umfassenden Anbau, der über eine Verbindungsgalerie mit einem größeren Pavillonbau kommuniziert, in dem sich neben dem Zimmer noch ein Kabinett und eine Wendeltreppe befinden; die Pavillons liegen mit der sie verbindenden Galerie in einer Linie und bilden mit ihr eine eigene Zimmerflucht; die neuen Baugruppen sind an die Seitenarme des alten Gevierts so angelegt, daß die größeren Pavillons über die Gartenfront hinausstoßen und eine auf einem Kryptoportikus ruhende, der Gartenfassade vorgelegte Terrasse zwischen sich nehmen; sie folgen dabei den durch Garten- und Seitenfronten gebildeten Ecken und erscheinen als in ihrem Achsenverlauf leicht L-förmig gebildet.

Es erweist sich, daß die Anfügungen von St Maur nach dem Prinzip der Verdoppelung erfolgen: um das alte Geviert wird eine neue Schicht von Räumen herumgelegt, der alten einfachen Zimmerflucht wird eine neue parallel hinzuaddiert, die aus den Pavillongruppen und dem die Terrasse tragenden Kryptoportikus besteht. Dieses auch für den Tuileriengrundriß kennzeichnende Verdoppelungsverfahren ändert an der Grundstruktur der Anlage nichts. Das einfache, aus einraumtiefen Flügeln bestehende, gleichmäßige Geviert wird nicht angetastet, nirgends ist die durchgehende Zimmerflucht unterbrochen.

St Maur gehört also auch im zweiten Entwurf zum Typus des gleichmäßigen Gevierts, als dessen Hauptmerkmale die Gleichgewichtigkeit aller Flügel und die durchgehende Verbundenheit aller Zimmer erklärt werden können (Typus Palazzo del Tè), allerdings nicht in absolut reiner Form, denn die Unterordnung des Eingangsflügels weist auf Eigentümlichkeiten der triclinischen Bildung hin (Typus Bury).

Der Grundriß des Luxembourg-Palastes weicht, obwohl er zunächst als einhöfiges Rechteck erscheint, in seinen Hauptzügen von diesem Bild erheblich ab; hier besteht keine Möglichkeit, im Sinne des gleichmäßigen Gevierts die Seitenarme mit dem Mittelflügel des Hauptbaus zusammenhängend zu lesen: große, quadratische, als eigenständige Baukörper gekennzeichnete Pavillonblöcke schieben sich dazwischen und unterbrechen die durchgehende Verbindung. Der Luxembourg-Palast besteht deutlich aus einem Hauptbau und einer diesem vorgelagerten Hofanlage. Der Hauptbau ist aber einem eigenen Grundrißtypus verpflichtet.

d) Der Grundrißtypus der Hausmitte mit vier Trabanten

Der Hauptbau des Luxembourg-Palastes gehört zu einem Gebäudetyp, der zum ersten Mal in der Villa Poggio a Cajano hervortritt, die Giuliano da Sangallo 148o-85 für Lorenzo il Magnifico baute und der im 16. Jhdt vielfach mit dem Villen- und Jagdschloßbau verbunden erscheint. Es ist der Typus, der "Hausmitte mit vier Trabanten" genannt werden soll.

Fig. I a   Der Grundriß von Poggio a Cajano (8) scheint auf den ersten Blick aus zwei breiten Riegeln zu bestehen, die den mittleren Saal umklammern, wobei aufgrund der kürzeren Langseite des Saalrechtecks beiderseits Einbuchtungen entstehen. Es stellt sich aber heraus, daß in Wahrheit vier quadratische Blöcke, die an dessen Langseitenenden angeschoben sind, den mittleren Saal umstehen. Die sich zwischen den quadratischen Blöcken ergebenden Resträume bleiben an den Kurzseiten des Saalrechtecks offen, an seinen Langseiten sind sie durch zwei Nebensäle ausgefüllt, die im rechten Winkel zum mittleren Saal stehen und mit ihm zusammen ein Kreuz bilden. Die vier quadratischen Blöcke enthalten je ein aus vier Zimmern bestehendes Appartement.

Die das Grundrißbild bestimmenden Hauptbestandteile der Villa sind also der mittlere, als Rechteck erscheinende Saal (die "Mitte") und die vier, jeweils aus mehreren Zimmern bestehenden Wohneinheiten in der Form von quadratischen Blöcken, die radial, in Funktion zur Mitte, als Eckfortsätze angeordnet sind (die "Trabanten").

Diese Disposition tritt uns in der Villa von Poggio Reale noch deutlicher entgegen, die 1487, also etwa gleichzeitig mit Poggio a Cajano,

Abb. 1o in der Nähe von Neapel für Alfonso von Aragon durch Guiliano da Majano erbaut wurde (9). Dort stellt sich die beherrschende Mitte als ein annähernd quadratisch angelegter Arkadenhof dar; diesem sind Dreizimmergruppen als Eckfortsätze beigegeben, die, im Unterschied zu Poggio a Cajano nicht als eigenständige, viereckige Blöcke erscheinen, sondern in L-Form den Ecken des Mittelhofes folgen. In dieser zentralsymmetrisch reineren Ausprägung ist das Schema besonders klar lesbar.

In der Architekturtheorie ist eine solche Anordnung, bei der private Bereiche von einem öffentlichen Hauptraum gesondert und auf diesen als Mitte bezogen werden von Vitruv und Alberti erläutert. Vitruv fordert in VI, 5 eine Trennung des Öffentlichen vom Privaten innerhalb des Hauses (1o):

"Wenn die Räume in Hinsicht auf die Himmelsrichtungen so verteilt sind, dann muß man seine Aufmerksamkeit auch darauf richten, in welcher Weise in Privatgebäuden die Zimmer gebaut werden müssen, die allein den Hausherren gehören, und wie die, die auch Leuten, die nicht zur Familie gehören, zugänglich sind. Denn in die Privaträume haben nicht alle Zutritt, sondern nur geladene Gäste, z.B. in die Schlafräume, Speisezimmer, Baderäume und die übrigen Räume, die gleichen Gebrauchszwecken dienen. Allgemein zugängliche Räume aber sind die, in die auch uneingeladene Leute aus dem Volk mit Fug und Recht kommen können, d.h. Vorhallen, Höfe, Peristyle und solche Räume, die in derselben Weise benutzt werden können". Alberti übernimmt diese Unterscheidung von öffentlich und privat, verbindet sie mit vitruvianischen Angaben über die innere Disposition des antiken Hauses und bedient sich des Topos, daß das Haus eine Stadt im Kleinen sei, um das Konzept eines zentripetal komponierten, auf eine öffentliche Mitte bezogenen Gebäudes zu begründen (V, 17) (11):"Von allen der erste Teil des Hauses ist jener, welcher Deiner Meinung nach Haushof oder Atrium heißt. Ich werde ihn "Schoß" nennen. Danach kommen die Speisezimmer, hierauf werden die Schlafzimmer für die Einzelnen angelegt. Zuletzt kommen die geheimen Gemächer. Alles Übrige ergibt sich aus der Sache selbst. Es wird also der Schoß der vornehmliche Teil sein, auf welchen alle übrigen kleinen Gemächer, wie auf das öffentliche Forum die Gebäude, münden". Der Schoß ist zunächst ein Hofraum. Er kann aber auch geschlossen sein. Denn Alberti, Vitruv VI, 3 über die cava aedium verwertend, schreibt weiter: "Doch manche sind mit einem Schoße zufrieden, manche führten grundsätzlich mehrere aus. Diese wiederum umgaben sie entweder allseits mit hohen Mauern, oder teils mit sehr hohen, teils mit niedrigeren Mauern. Und sie wollten, daß sie anderswo von einem Dach bedeckt, anderswo im Freien seien".

Die öffentliche Mitte kann also sowohl ein geschlossener Saal, als auch ein offener Hofraum sein, wie es die Prototypen von Poggio a

Fig. I b

Cajano und Poggio Reale beispielhaft zeigen. Dabei wird deutlich, daß der Binnenhof von Poggio Reale sich in Allem von einem Innenhof in der Vorstellung eines allseitig von Gebäuden umsäumten Platzes unterscheidet: in der geschlossenen Einheitlichkeit seiner Gliederung und in seiner auf ein "Innen" abgestellten Proportionierung trägt er die Charakterzüge eines offenen Saales. Wie auswechselbar innerhalb des Typus die offene und die geschlossene Mitte sind, beweist Serlios Poggio Reale-Variation, die, unmittelbar auf die Darstellung von Poggio Reale folgend, einen geschlossenen Schoß zeigt. Mit demselben Recht könnte man diesen Entwurf eine Poggio a Cajano-Variation nennen (12): der langrechteckige Mittelblock enthält in der Mitte einen Saal, an den sich beiderseits je zwei kleinere Räume anschließen; die vier Trabantenquadrate legen sich, wie in Poggio a Cajano, an die Langseitenenden des Mittelblocks an; sie besitzen je eine Gruppe von drei Zimmern; die sich zwischen den Trabanten ergebenden Zwischenräume sind nach allen vier Seiten zur Hälfte durch eine Loggia eingenommen.

Unter Franz I hat dieser Typus in Frankreich eine gewisse Blüte erlebt. So ist der Donjon von Chambord (13) in seinem Grundquadrat von einem Kreuz des öffentlichen Bereiches durchzogen, das in den Ecken vier Privatappartements entstehen läßt, die aus je einem Zimmer mit zwei Kabinetten bestehen. Die Ecken des Donjons sind zusätzlich mit großen Rundtürmen besetzt, die ihrerseits je ein Zimmer mit zwei Kabinetten enthalten.

In den 4o-er Jahren des 16.Jhdts ließ sich Franz I im Wald von St Germain das Schlößchen La Muette erbauen, das demselben Typus angehört (14): das Mittelquadrat, das drei große Räume enthält, ist in den Ecken mit Wohnblöcken umstellt, die sich aus Zimmer und Kabinett zusammensetzen. Das System ist hier bereichert um das Treppenhaus und die Kapelle, die auf zwei einander gegenüberliegenden Seiten zwischen den Eckblöcken vorspringen.

Daß der Typus in Frankreich auch in der zweiten Hälfte des 16. Jhdts geläufig war, beweist seine häufige Anwendung durch Ducerceau in dessen Architekturbuch (1559) und sein Vorkommen bei Delorme, der im Kapitel über die günstige Lage des Hauses (Buch I, Fol 19r) den Grundriß eines "bastiment en forme de pavillon quarré ayant terrasse tout autour" abbildet, der in einem quadratischen Mittelblock besteht, an dessen Ecken L-förmige Pavillons gestellt sind. Das mittlere Quadrat enthält einen Saal und nach rückwärts zwei Zimmer, deren Nebengemächer (Kabinett und Garderobe) in den Eckpavillons untergebracht sind. Desselben Schemas bedient sich Delorme ebenfalls für die große Basilica (salle ou basilique), deren Grundriß und Perspektive er in den "Nouvelles inventions pour bien bastir" angibt (15). Dieses ungewöhnliche Gebäude besteht aus einem sehr großen, mit einer Holztonne überwölbten Saal, an dessen vier Ecken sich Pavillonbauten befinden, zwischen die Arkadengänge eingespannt sind. Die Pavillonbauten enthalten jeweils ein Treppenhaus und eine Einheit von drei Zimmern.

Ducerceau hat eine besondere Vorliebe für diesen Typus gehabt, den er vielfältig variiert. Unter Nummer XVI seines ersten Architekturbuches (16) gibt er den Grundriß eines Gebäudes an, das einen kreisrunden Mittelteil besitzt, in dessen Zentrum sich konzentrisch eine große Doppeltreppe nach dem Vorbild derjenigen von Chambord entfaltet; diesem Mittelteil sind nach der Kreuzform vier rechteckige Bauten angeschlossen; davon enthalten drei vollständige Appartements, während der vierte den Saal beherbergt.

Der achtzehnte Entwurf zeigt einen Saalmittelblock mit begleitenden Räumen, an den Eckpavillons angefügt sind, in denen sich Wohnappartements befinden.

Fig. I c Der neununddreißigste Grundriß ist eine Vorwegnahme des Corps-de-logis des Luxembourg-Palastes: ein schmales, langgestrecktes, mittleres Rechteck, das eine zweischiffige, gewölbte Galerie enthält und dem in der Mitte beider Langseiten kleine Treppenpavillons vorgelegt sind, ist an seinen Enden zwischen je einem Paar quadratischer Wohnblöcke eingeschlossen.

Alle diese Beispiele zeigen dieselben Konstanten, die es erlauben, den Grundrißtypus der Hausmitte mit vier Trabanten näher zu definieren. Die eine grundlegende Eigentümlichkeit dieses Typus besteht in der Kongruenz des Planschemas mit der Verteilung der Funktionen: Der Hauptblock des Gebäudes (die Hausmitte) bleibt dem öffentlichen Bereich vorbehalten und enthält den großen Saal, der auch ein Hof sein kann und dem Nebensäle zugeordnet sein können, während den Eckfortsätzen (den Trabanten) jeweils immer eine abnehmende Folge privater Räume eingeschrieben ist. Verschiebungen in dieser Anordnung können höchstens in der Form geschehen, daß umfassendere Appartements in den Mittelblock "überquellen", so, daß darin neben dem öffentlichen großen Saal sich bereits Zimmer befinden, die einer privaten Raumfolge zuzurechnen sind. Solche Verschiebungen lassen sich in den genannten Beispielen im kleinen, befestigten Haus des Delorme und bei Ducerceau XVIII feststellen.

Der weitere Zug, der für den Typus von konstituierender Bedeutung ist, besteht in der unmittelbaren Verbindung der öffentlichen Hausmitte mit den privaten Trabanten in radialer Aufeinanderfolge. Jede private Wohneinheit steht direkt, ohne Zwischenglieder, mit dem Hauptsaal in Berührung. Eine Verbindung der Trabanten untereinander besteht nicht oder bleibt sekundär.

Die Plangestalt eines Hauptrechtecks mit Eckfortsätzen allein genügt also nicht, um den Grundrißtypus der Hausmitte mit vier Trabanten

Abb. 11　festzusetzen. Dies beweist Ducerceaus 41. Projekt, in dem eine Typenkreuzung zwischen der einfachen Anlage im Geviert und dem Schema der Hausmitte mit Trabanten vorgenommen wird. Dieser Grundriß besitzt einen großen, mittleren Arkadenhof und Eckpavillons, in denen Privatappartements untergebracht sind, etwa in der Art Poggio Reales. Im Gegensatz zur Neapler Villa aber und entgegen der gegebenen Definition bildet hier weder der Arkadenhof die öffentliche Mitte der Anlage (er ist kein offener Saal), noch stehen die privaten Einheiten mit ihm in direkter Verbindung. Eine im Geviert angeordnete, einfache Zimmerflucht bildet das Rückgrat des Gebäudes; sie trennt die scheinbare Hausmitte von den scheinbaren Trabanten. Innerhalb dieses Gevierts befinden sich sowohl der große Saal, der hier die Form einer langen Galerie annimmt, als auch vollständige Wohneinheiten nebeneinander. Es handelt sich bei diesem Entwurf also in Wahrheit um eine Komposition nach dem Typus des gleichmäßigen Gevierts, der um Attribute des Typus der Hausmitte mit vier Trabanten bereichert wird.

Poggio Reale, Chambord und La Muette sind Interpretationen des Typus, die stärker mittelalterlichen Baugewohnheiten verhaftet bleiben (in ihnen sitzen die Wohnblöcke genau an den Ecken, wie mittelalterliche Türme), während Poggio a Cajano, die Poggio-Variation des Serlio und die Entwürfe des Ducerceau fortschrittliche Ausprägungen darstellen. Mit ihnen ist der Grundriß des Luxembourg-Palastes nah verwandt.

Fig. I d　Nach diesen Ausführungen erscheint es als evident, daß der Hauptbau des Luxembourg-Palastes den Typus der Hausmitte mit vier Trabanten in reiner Form darstellt. Im Luxembourg-Grundriß ist das mittlere Rechteck analog zu Ducerceau XXXIX stark in die Länge gezogen, so, daß der Hauptteil als ein langer Riegel erscheint. Ebenfalls in Anlehnung an Ducerceau ist in seiner Mitte das Treppenhaus untergebracht, für das seit Bury diese Stelle bevorzugt wird. In seiner Achse springt an der Gartenfassade die Kapelle als Risalit vor. In streng symmetrischer Anordnung entwickeln sich beiderseits des Treppenhauses je eine Folge von einem großen und einem kleinen Saal, die als Vorzimmer den öffentlichen Bereich darstellen. Von ihnen aus gelangt man direkt in die Pavillonbauten, in denen sich die Privatappartements befinden. Durch die Anfügung der Galerieflügel mit dem abschließenden Eingangstrakt ist der Bau zu einer triclinischen Anlage erweitert.

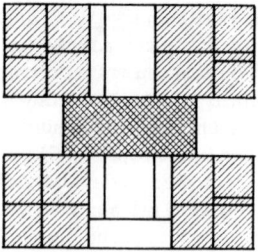 Fig. I

a) Poggio a Cajano

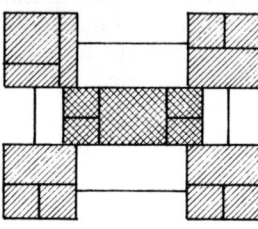

b) Serlio,
   Poggio Reale-
   Variation

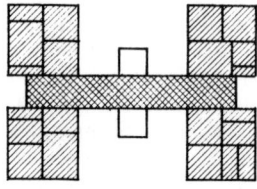

c) Ducerceau XXXIX

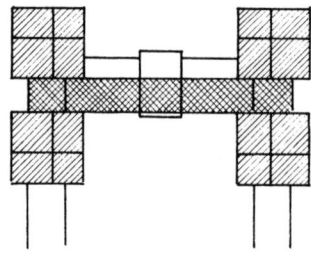

d) Luxembourg-Palast

Die Festlegung des Typus der Hausmitte mit vier Trabanten erlaubt es, einen großen Komplex von Bauten zu erfassen, vom Ende des 15. Jhdts bis zum 18. Jhdt, ungeachtet ihrer stilistischen Ausprägung. Das Projekt Borrominis für die Villa des Kardinals Pamphili (17) gehört diesem Typus an, mit der Besonderheit, daß dabei die Trabanten die Form von Bastionen annehmen. Als weitere, zufällig herausgegriffene Beispiele seien das Schloß Lustheim bei München und die Favorite in Ludwigsburg genannt.

Die Form der Hausmitte mit vier Trabanten wurde offensichtlich für kleinere Bauten mit Villencharakter bevorzugt.

In unserem Fall wurde mit Hilfe dieses Begriffes der Luxembourg-Grundriß näher bestimmt, wobei sich seine Rückführung auf St Maur II als ein Irrtum herausstellte.

Die Frage nach solchen typischen Merkmalen in der Überlieferung des Ducerceau wird über den Tuilerienplan einige Klarheit bringen.

e) Das Schema der fünfhöfigen Anlage mit großem Mittelhof

Das Schema der fünfhöfigen Anlage mit großem Mittelhof kommt in Frankreich vor den Tuilerien nicht vor; es erübrigt sich, seine Vorformen unter älteren, französischen Schlössern oder Schloßprojekten zu suchen. Daß wir darin aber kaum eine einmalige, eigens für das Tuilerienprojekt ausgearbeitete, freie Grundrißbildung, sondern vielmehr einen Grundrißtypus zu erblicken haben, wird aus der Tatsache deutlich, daß Bernini 1665 dieses selbe Schema seinem zweiten Entwurf für den Umbau des Louvre zugrundelegte (18). Bernini plante, in das durch den Bau des West- und Südflügels in seinen Ausmaßen festgelegte Quadrat des "cour carrée" einen Peristylhof mit Kolossalordnung zu setzen, an dessen vier Ecken sich große Treppenhäuser befunden hätten; das Grundquadrat des Schlosses sollte in ein Grundrechteck erweitert werden: der alten, schlicht gehaltenen Westfront wollte Bernini in einiger Entfernung einen neuen, mit einer Repräsentationsfassade versehenen Flügel vorsetzen und diesen Trakt durch einen in der Mittelachse verlaufenden Saalbau mit dem inneren Hofviereck verbinden; eine entsprechende Prunkfassade sollte ebenfalls nach Osten vorgeschoben und Mit Hilfe der gleichen, annähernd symmetrisch gehandhabten Saalverbindung dem mittleren Hofquadrat angeschlossen werden. Die im Westen und im Osten, zwischen der alten Anlage und den neuen Frontgebäuden so geschaffenen Hofräume wären durch die Saalbauten jeweils zweigeteilt worden.

Das hierbei angewandte Grundrißschema stimmt mit demjenigen der Tuilerien überein, wobei der kreuzförmige Hof Berninis und der rechteckige Hof der Tuilerien, desgleichen die rechteckigen Saalbauten des Bernini und die ovalen Säle der Tuilerien analoge Stücke darstellen. Beide Anlagen unterscheiden sich allerdings in der Achsenführung grundlegend voneinander. Während in den Tuilerien die kurze Achse des Gesamtrechtecks die Hauptrichtung angibt und das Schloß wesentlich zwischen den Langfronten des Stadt- und des Gartenflügels gespannt erscheint, liegen im Bernini-Entwurf die Hauptfassaden in den kurzen Seiten des Grundrechtecks; die Hauptachse verläuft hier in Längsrichtung und ist durch beide Säle geführt. Der Louvre-Entwurf des Bernini könnte also in seinem Grundriß beschrieben werden als die um 9o° gedrehte, auf eine immer noch von Osten nach Westen, aber jetzt in Längsrichtung verlaufende Hauptachse bezogene Tuilerienanlage.

Das Schema der fünfhöfigen Anlage mit großem Mittelhof, das selten auftaucht und merkwürdigerweise an keiner gebauten Architektur nachweisbar ist, läßt sich auf die Rekonstruktion des römischen Hauses zurückführen.

Im Laufe des 15. Jhdts bürgerte es sich ein, die bei Vitruv vorkommenden Termini zu übernehmen und bei der Beschreibung des Hauses oder des Schlosses anzuwenden. Dies geschah meist in einem losen Identifikationsverfahren, das für Teile des traditionell konzipierten Baus lateinische Namen setzte. Parallel zu diesem mehr literarischen Vitruvianismus, dem Alberti zum Teil verpflichtet ist, lief eine exaktere Exegese der zehn Bücher über die Baukunst. Diese Auseinandersetzungen mit Vitruv und die Bemühungen, seiner Aufzählung der Teile und der verschiedenen Räume des antiken Hauses Anschaulichkeit zu verleihen und eine Gestalt zu unterlegen, kulminierten im Palastprojekt Giuliano da Sangallos für Ferdinand von Neapel von 148o. Die Bedeutung dieses Entwurfs kann nicht überschätzt werden. In ihm besitzen wir das erste vitruvianisch orientierte Grundrißkonzept, und das ihm zugrundeliegende System blieb für alle späteren Rekonstruktionen des römischen Hauses maßgebend (19). Es beruht auf den Beschreibungen des Hauses und seiner Teile, die Vitruv im sechsten Buch in den Kapiteln III und V gibt. Im dritten Kapitel werden nacheinander die verschiedenen Räume aufgezählt, aus denen sich das Haus zusammensetzt. Es beginnt mit den cava aedium, den Hofräumen, deren fünf Arten (tuscanicum, corinthium, tetrastylon, displuviatum, testudinatum) erläutert werden; darauf kommt Vitruv auf die Atrien zu sprechen, die man in drei verschiedenen Grundrißproportionen anlegen kann, und die sie begleitenden Alae; es folgen das Tablinum und die Fauces in Abhängigkeit vom Atrium; dann werden die Peristyle besprochen, die quer liegen und um 1/3 länger als breit sein sollen, wobei Angaben über ihre Säulenumgänge gemacht werden; schließlich werden die Triclinien erwähnt und die übrigen Räume, als da sind: die Pinakotheken, die Exedren, die korinthischen und die ägyptischen Säle. Die Abfolge von Räumen, die sich dieser Reihe entnehmen läßt, findet im fünften Kapitel, in dem von der Anlage der Gebäude nach der sozialen Stellung der Bewohner die Rede ist, eine bestätigende Entsprechung. Dort heißt es (2o): "Für hochstehende Personen aber, die, weil sie Ehrenstellen und Staatsämter bekleiden, den Bürgern gegenüber Verpflichtungen erfüllen müssen, müssen fürstliche, hohe Vestibula, sehr weiträumige Atrien und Peristyle gebaut werden, Gartenanlagen und geräumige Spazierwege, die der Würde angemessen angelegt sind; außerdem Bibliotheken, Pinakotheken und basilikaähnliche Hallen, die in ähnlicher Weise prunkvoll ausgestattet sind, wie die staatlichen Gebäude, weil in den Häusern dieser Männer öfter politische Beratungen abgehalten und Urteile und Entscheidungen in privaten Angelegenheiten gefällt werden."

Aus dem dritten Kapitel ergibt sich aus Vitruvs Aufzählung die Raumreihe: Cava aedium-Atrium (mit Alae, Tablinum und Fauces)-Peristyl-Triclinium, dann Pinakotheken, Exedren, korinthische und ägyptische Säle. Aus dem fünften Kapitel: Vestibulum-Atrium-Peristyl-Basilica, nebst Bibliotheken und Pinakotheken. Diese Raumreihen wurden als Raumabfolgen verstanden.

Die Cava aedium, die im dritten Kapitel an den Anfang gesetzt sind, boten einige Interpretationsschwierigkeiten und erfuhren in der Vitruv-Auslegung verschiedene Ausdeutungen: sie wurden entweder mit dem Atrium gleichgesetzt oder als beliebige hypaethrale Räume aufgefaßt; für die zweite Lesart bietet Fra Giocondos Vitruv-Ausgabe von 1511 ein Beispiel, wo als Peristyl nicht der gesamte Peristylhof, sondern nur der ihn umgebende Säulenumgang bezeichnet ist und der offene Hofraum cavaedium heißt. In der Annahme, daß die Cava aedium in der Raumkette keine selbständigen Glieder darstellen könnten, ließ man die Raumabfolge mit dem Vestibulum beginnen, das im fünften Kapitel vor dem Atrium erwähnt ist, dort allerdings nicht näher erläutert wird. Als Abschluß der Reihe empfand man einerseits das Triclinium, andererseits, als eine erhöhte Sonderform davon, die Basilica, während Bibliotheken, Pinakotheken, Exedren, korinthische und ägyptische Säle als zweitrangige Räume angesehen wurden. So ließ sich aus Vitruvs Reihe eine Abfolge von Räumen gewinnen, die als ein umfassendes Raumprogramm verstanden werden konnte. Giuliano da Sangallo legte es seinem Neapler Palastmodell zugrunde. Er bildet aus der Hintereinanderschaltung von Vestibulum-Atrium-Peristyl-Triclinium eine repräsentative Achse. Als Vestibulum fungiert ein weiter Vorplatz, zu dem Treppen hinaufführen, in Verbindung mit einer Tempelfront-Porticus, die dem Palast vorgesetzt ist; dahinter folgt das dreischiffige Atrium, das in den großen Peristylhof mündet; diese dreischiffige Lösung, die Giuliano da Sangallo in diesem Entwurf eingeführt hat, von seinem Neffen für den Palazzo Farnese wieder aufgegriffen wurde und sich seitdem weit verbreitet hat, beruht auf einer Fehlinterpretation der Alae, von denen es bei Vitruv nur heißt, daß sie das Atrium rechts und links begleiten (21); der Peristylhof, mit Treppenrängen versehen, besitzt nach Vitruvs Anweisung rechteckigen Grundriß und liegt quer zur Achse; er erfährt nach der Tiefe zu eine Ausweitung, die den Vor-

Fig. II a

platz zum großen Tricliniumssaal abgibt, an den zusätzlich noch eine Rotunde anschließt; parallel zu dieser Hauptachse liegen an den Schmalseiten des Peristylhofes lange Wohntrakte, die jeweils aus drei Wohnhäusern mit zwei zwischen ihnen liegenden Verbindungsflügeln bestehen.

Abb. 12

Von Giuliano da Sangallos komplexer Anlage stark unterschieden, in der Grundkonzeption jedoch analog, sind die beiden Grundrisse des römischen Hauses, die Fra Giocondo seiner Vitruv-Ausgabe beigegeben hat. In beiden bildet die Abfolge Vestibulum-Atrium-Peristyl-Triclinium die Hauptachse. In der weniger aufwendigen Variante ist der querrechteckige Peristylhof von Gebäudeflügeln umgeben, die einfache Zimmerfolgen enthalten, wobei die an den Langseiten des Peristyls liegenden Trakte etwas breiter gebildet sind. In diesen befinden sich, einander gegenüber, auf der einen Seite das quer angebrachte Atrium mit Compluvium, auf der anderen Seite das Triclinium. Beiderseits des Tricliniums sind Loggien angebracht, die sich wie leere Zwischenräume zwischen dem Triclinium und den als vorspringend erscheinenden schmalen Gebäudeflügeln ausnehmen. Dem Atrium vorgesetzt ist ein dreischiffiges Vestibulum, das beiderseits von langgestreckten Gärten begleitet ist, die den Vorsprung ausgleichen.

An diesem gegenüber Sangallos Neapler Entwurf stark schematisierten Grundriß wird eines sofort deutlich: das Atrium in Verbindung mit dem Vestibulum einerseits und das Triclinium andererseits bilden, in einer Achse liegend, an den Langseiten des Peristyls Auswüchse, die innerhalb eines einfachen Baus schwer zu bewältigen sind. Sie einer viereckigen Hofanlage mit einfacher Zimmerflucht einzuverleiben (und das ist in Fra Giocondos kleinem Grundriß angestrebt), läßt sich schwer verwirklichen und verlangt einige Verschiebungen. So mußten die Gebäudeflügel, in denen sie liegen, gegenüber den anderen verbreitert werden; das Atrium kam quer zu liegen, um an Vorsprung zu verlieren; und doch ließ es sich nicht vermeiden, um das Vestibulum unterbringen zu können, der Eingangsseite eine Gartenzone vorzusetzen, d.h., wenn man so will, den Flügel um eine hypaethrale Flucht zu verdoppeln.

Diese kompositorischen Eigentümlichkeiten sind, obschon aufgrund der reichen Staffelung der Gebäude etwas verschleiert, auch schon im Neapler Entwurf Giuliano da Sangallos enthalten. Das zeigt die besondere Bedeutung, die dem Triclinium zugestanden wird: es ragt über die Linie hinaus, die, vom Ende der einen Wohntrakts zum Ende des anderen gezogen, deshalb eine Begrenzung der Anlage bildet, weil die Wohntrakte, deren Mittelbauten die Breitseiten des Hofes beherrschen, in strenger Symmetrie auf das Peristylrechteck bezogen sind. Dieser Durchbruch wird durch die beiden, rechts und links vom Triclinium liegenden Gärten aufgefangen, die, in Spiegelverkehrung, analoge Stücke zu den "pomarie" darstellen, die auf Fra Giocondos kleinem

Grundriß das Vestibulum zwischen sich nehmen.

Der kleine Grundriß des Fra Giocondo zeigt deutlich, daß sich die vitruvianische Raumabfolge schlecht in ein einfaches Viereck einpassen läßt, das sich nach den Ausmaßen des Peristylhofes richtet. Die Hauptachse, räumlich getragen durch das Atrium in Verbindung mit dem Vestibulum auf der einen und durch das Triclinium auf der anderen Seite des Peristyls, verlangt nach einer Dehnung der Anlage quer zur langen Achse des Hofes.

Abb. 13
Fig. II b

Das beweist Fra Giocondos großer Grundriß. Darin ist, laut Vitruv VI, V, das Triclinium als Basilika ausgebildet. Das Atrium ist längs gelegt, dreischiffig gegliedert und um das Vestibulum in der Achse verlängert. So liegen sich Atrium und Triclinium als große, dreischiffige Räume an den Langseiten des Peristyls gegenüber. Sie springen weit über die Gebäudeflügel hinaus, in die sie eingebunden sind. Dadurch ist die einfache, viereckige Hofanlage übersprungen, das Quadrat der Gesamtform (das bei Giuliano da Sangallo gewahrt blieb) wird verlassen zugunsten eines langen Rechtecks, in das das Peristyl quer zu liegen kommt. Der Vorsprung des Atriums und des Vestibulums wird, wie im kleinen Grundriß, durch abgeschlossene Gärten auf beiden Seiten aufgefangen; auf der Seite des Tricliniums werden die parallel zu diesem liegenden Gebäudeflügel über das Triclinium hinaus verlängert und umschließen einen nach einer Seite hin offenen Hof.

Damit ist ein Grundrißschema ausgesprochen, das bei der Rekonstruktion des römischen Hauses häufig angewandt wurde: in die Gesamtform eines Rechtecks wird der Peristylhof so hineingelegt, daß seine lange Achse mit der kurzen Achse des Gesamtrechtecks zusammenfällt; seinen Langseiten entspringen die großen Komplexe von Atrium und Triclinium, die sich in der langen Achse des Gesamtrechtecks bis an dessen Schmalseiten erstrecken; sie unterteilen die Restflächen und neben ihnen, auf beiden Seiten, entstehen offene Räume, die verschieden gestaltet werden können: als Gärten, Höfe oder Loggien.

Palladio hat sich dieses Schemas gerne und häufig bedient. Seine Rekonstruktion des römischen Hauses in Barbaros Vitruv-Ausgabe von 1556 lehnt sich an Fra Giocondos großen Grundriß an: (22) die Eingangsschmalseite des großen Rechtecks wird durch einen Gebäudeflügel gebildet, dessen Mitte das Vestibulum einnimmt; es führt in das von Säulenstellungen begleitete Atrium, dem auf beiden Seiten Raumfolgen angeschlossen sind; offene, auf drei Seiten von Gebäuden umschlossene Gartenflächen entstehen beiderseits des Atriumkomplexes; zwischen Atrium und Peristylhof vermittelt ein seitlich ausgenischtes Tablinum; das Atrium ist hier im Gegensatz zum Fra-Giocondo-Grundriß nicht in den Hofflügel eingebunden, sondern stößt nur an diesen an, es ist zwischen Eingangsflügel und Hofviereck eingespannt; jenseits des Hofes ist die große Tricliniums-basilika, die den Flügel durchstößt und mit dem Peristyl in unmittelbarer Berührung steht; die an den Schmalseiten des Peristyls liegenden Flügel werden auf der Seite des Tricliniums über das Hofviereck hinaus weitergeführt; dadurch entstehen Hofräume, die hier, wie bei Fra Giocondo, als Loggien angegeben sind; die Palladio-Illustration besitzt auf der Tricliniumsseite allerdings keinen Abschluß. Wie man sich die Anlage vervollständigt zu denken hat, zeigt der Grundriß des römischen Hauses auf Seite 34 des zweiten Buches in den quattro libri, der demselben Konzept folgt: die Flügel laufen parallel zum Triclinium um dessen Länge weiter, knicken im rechten Winkel nach innen und bilden die hintere Schmalseite des Gesamtrechtecks; dadurch sind beiderseits des Tricliniums allseits von Gebäuden umschlossene Höfe entstanden. Das römische Haus der quattro libri richtet sich allerdings in der Hofgestaltung nicht nach Vitruv: das Peristyl bildet kein zur Hauptachse quer gelegtes Rechteck, sondern ist quadratisch gebildet. Dies ist ein Zug freier Kompositionsweise, der hier mit einer streng vitruvianischen Anordnung verknüpft wird.

Fig. II c

Für sein lateinisches Forum, auf S. 36 des dritten Buches, benutzt Palladio dasselbe Grundrißschema. Die Stelle von Atrium und Triclinium nehmen jetzt Basilica und Curia ein. Im Gegensatz zum Hausgrundriß, bei dem ein höherer Grad der Konkretisierung und ein durchdachteres Raumprogramm eine größere Differenzierung in der Gliederung bedingen, bringt der Forumsgrundriß das Schema klarer zur Anschauung. Hier entfällt die gerichtete Achse, die im Haus vom Vestibulum zum Triclinium führt und in diesem einen Abschluß finden muß. Das Forum ist nicht gerichtet, es ist indifferent, und Palladio deutet durch Offenlassen rechts und links an, daß die Anlage nicht allein für sich steht, sondern in das Baugefüge der Stadt eingebunden ist. Die Flügel sind in der Breite und, wie es der Schnitt zeigt, in der Höhe vereinheitlicht. Sie umschließen die ganze Anlage regelmäßig. Hinter der Curia schließen sie dicht zusammen, so daß beiderseits des Curia-Blocks Binnenhöfe entstehen. Hinter der Basilica bleibt die Säulenhalle, die an Stelle geschlossener Flügel steht, offen, doch muß man annehmen, daß dieser Hof weiter hinten ebenfalls einen Abschluß findet. Bei diesem Palladio-Forum ist das geometrische Muster des großen Rechtecks deutlich herauszulesen, bei dem zwei innere Kurzflügel den Binnenraum in drei in der kurzen Achse gelängte Höfe zerlegen, wobei die beiden äußeren durch je eine längs gestellte Halle nochmals durchschnitten werden. Und dies ist ja das Grundrißmuster der Tuilerien.

Abb. 14

Dieses Grundrißmuster findet sich im Kern auch in frei entworfenen Anlagen, die sich nicht auf die vitruvianische Raumabfolge stützen. Das Hauptmerkmal frei komponierter Häuser und Paläste ist die Grundfigur des Haupthofes, die der Baugewohnheit gemäß quadratisch erscheint und nicht querrechteckig, wie es Vitruv verlangt.

So stößt man auf Vorläufer des Schemas in einigen Grundrißskizzen
des Traktats von Francesco di Giorgio Martini. Drei Zeichnungen
auf Fol. 19r des Codice Magliabechiano II. I. 141 (23) zeigen eine
rechteckige Gesamtform, bei der um einen mittleren, quadratischen
Hof in den Langseiten einfache, in den Kurzseiten um beträchtliche
Breiten verdoppelte Flügel gelegt sind. Mit Ausnahme der Zeichnung
oben rechts sind diese Grundrisse nicht gerichtet, also zweiachsig
symmetrisch konzipiert. Jedesmal ist der Kurzflügel in der langen
Achse des Gesamtrechtecks besonders betont gestaltet, immer befindet sich hier ein großer Saal oder ein auffallend komponierter
Raum. Oben links sind die Kurzflügel in drei durch die ganze Flügeltiefe gehende Räume zerlegt, von denen der mittlere kreisförmigen
Grundriß besitzt. Was hier als offen, und was als geschlossen anzusehen ist, ob überhaupt an eine Zwischenschaltung von Höfen gedacht
ist, läßt sich bei der schematischen Strichzeichnung nicht unterscheiden und ist wohl aufgrund der Ausführungen Albertis über den Schoß
des Hauses (5,17) auch nicht von entscheidender Bedeutung. Oben
rechts besitzt die innere, breite Flucht in der Hoflänge einen einzigen, großen Raum. Mitte rechts ist die innere Flucht in der Länge
der Hofseite dreigeteilt, wobei der mittlere Raum an Größe die beiden seitlichen überragt und eine halbkreisförmige Apsis aufweist, die
in der Längsachse des Gebäudes liegt. Auf Fol. 2or sind zwei Zeichnungen desselben Schemas zu sehen, die in der langen Achse des
Rechtecks eine eindeutige Richtung besitzen und somit in die Nähe
der Rekonstruktionen des römischen Hauses von Giuliano da Sangallo
und Fra Giocondo rücken (oben rechts und unten links). Oben rechts
folgt auf einen "portico" eine sehr große "sala", die mit zwei Seitenöffnungen in den Säulenumgang des "cortile" führt; jenseits des
Hofes sitzt achsengerecht die mit einer Apsis versehene "sala della
capella". Die Reihenfolge portico-sala-cortile-capella entspricht der
vitruvianischen Abfolge Vestibulum-Atrium-Peristyl-Triclinium (oder
Basilica). Ähnlich ist der Grundriß unten links, wobei allerdings sinnwidrig die "sala", nicht aber der "atrio" eine Durchgangsfunktion ausübt. Unter "atrio" ist hier lediglich ein Rundhof verstanden. Sieht
man ihn im Zusammenhang mit den beiden ihn flankierenden "ticlini"
als den abschließenden großen Raum an und identifiziert die "sala"
mit dem vitruvianisch verstandenen Atrium, so ist die kanonische Abfolge gewahrt. Zwei Zeichnungen (Fol. 2ov Mitte links und Fol. 21v
rechts oben) zeigen dasselbe Schema in Zentralsymmetrie. Die Gesamtanlage ist jetzt nicht mehr rechteckig, sondern quadratisch, und
alle vier den Innenhof umgebenden Flügel sind gleich gegliedert. Mit
den beiden Diagonalen wächst die Zahl der Symmetrieachsen auf vier.
Auf Fol. 2ov sitzt auf allen vier Seiten des Hofquadrats in der Mitte
ein großer Saal. Auf Fol. 21v sind die Flügel nach allen vier Seiten
derart verdoppelt, daß immer zwischen zwei einfache, zueinander
parallel verlaufende Trakte eine Hofzone geschaltet ist. In der Mitte
der den Hof umgebenden Gebäude sitzt je ein runder Saal, der

eine die Hofzone durchschneidende Durchgangshalle zum äußeren Flügel entsendet. Würde man auf zwei einander gegenüber liegende Seiten die Verdoppelung streichen, entstünde in reiner Form das Schema der 5-höfigen Anlage mit großem Mittelhof.

Die Frage, ob sich zuerst geometrische Grundrißmuster entwickelt haben, die dann den Rekonstruktionsversuchen des römischen Hauses als Ausgangsbasis gedient haben, oder ob sich umgekehrt im Laufe dieser Rekonstruktionsversuche Grundrißschemata herauskristallisiert haben, läßt sich nicht eindeutig beantworten. Die Skizzen Francesco di Giorgio Martinis zeigen, daß man in der zweiten Hälfte des 15. Jhdts mit Freude Grundrißfiguren entwarf: zentrale, gerichtete und indifferente Anlagen, die mit Vorliebe einem geometrisch einfachen Umriß eingepaßt wurden (einem Quadrat oder einem Rechteck); diese Anlagen zeigen in ihrem Raumprogramm Konstanten: "cortile", "atrio", "sala", "salotto" und nicht weiter erläuterte Zimmerfolgen, die mit "appartamenti" überschrieben werden müßten. Das bedeutet, daß ganz bestimmte Formtendenzen mit ganz bestimmten Inhalten gekoppelt sind. Die Wechselwirkungen aufzudecken, dürfte unmöglich sein. Im Falle der Rekonstruktion des antiken Hauses ist zu sagen, daß die programmatische Abfolge Atrium-Peristyl-Triclinium allein noch keineswegs eine gestalthafte Angleichung von Atrium und Triclinium als Trabanten des Peristyls beinhaltet. Daß beide als einander entsprechende, basilikale Räume in achsengerechter Symmetrie dem Peristyl beigegeben werden, ist das Resultat eines Gestaltungswillens, der allerdings ohne den Stoff des vitruvianischen Raumprogramms nicht zur Anschauung hätte gelangen können. So ist das Schema der 5-höfigen Anlage mit großem Mittelhof kein neutrales Muster. In den bisher genannten Beispielen ist es auch kein einziges Mal in reiner, "schematischer" Ausprägung hervorgetreten. Es war nur immer in Palastgrundrissen (bei Francesco di Giorgio Martini) und bei der Rekonstruktion des römischen Hauses (bei Fra Giocondo und Palladio) als die Form, die dem Ganzen Halt verlieh, mehr oder weniger deutlich spürbar.

"Schematisch" wirkte das Schema erst, als es in anderem Zusammenhang benutzt wurde: bei Palladios Rekonstruktion des lateinischen Forums.

"Schematisch" wird es auch bei Serlio, der das Schema der fünfhöfigen Anlage mit großem Mittelhof in seinem sechsten Buch zweimal verwendet. Serlios sechstes Buch ist streng hierarchisch gegliedert und bietet ein großes Crescendo von Bauentwürfen, das mit dem Haus des armen Bauern beginnend, über Häuser für Handwerker und Kaufleute hin zu öffentlichen Gebäuden führt und im Stadtpalast des Königs kulminiert. Das Schema der fünfhöfigen Anlage mit großem Mittelhof kommt in den aufwendigsten, in der hierarchischen Pyramide die Spitze bildenden Entwürfen vor: im Haus des Gouverneurs und im Palast des

Königs (24). Dies ist sicher kein Zufall und zeigt, daß dieses Schema als anspruchsvoll und nur großen Bauaufgaben angemessen galt.

Abb. 15
Fig. II d
Die Residenz des Gouverneurs ist einem großen Rechteck eingepaßt, dessen Ecken durch leicht vorspringende Türme auf quadratischem Grundriß befestigt sind. Dieses Gesamtrechteck zerfällt in drei Querstreifen, die im Grundriß ebenfalls rechteckig erscheinen; davon enthält der erste den eigentlichen Wohnpalast, der zweite einen Kasernenteil und der dritte einen Exerzierhof mit Stallungen. In der langen Achse des Gesamtrechtecks, die für die Anlage die Symmetrieachse bildet, besitzen alle drei Teile eine gemeinsame Bezugslinie.

Der Wohnpalast, der das erste Drittel der Anlage einnimmt, ist mit den anderen Teilen verbunden, kann aber auch als selbständiger Gebäudekomplex herausgelesen werden: die Eingangsfront mit dem mittleren "vestibulo" und der erste innere Quertrakt der Gesamtanlage bilden dessen Langflügel; zwischen ihnen sind zwei eigene Kurzflügel so eingespannt, daß sie einen quadratischen Mittelhof eingrenzen; jenseits der Kurzflügel entstehen Gartenzonen, die in ihrer Mitte durch zwei große, in der langen Achse des Teilrechtecks verlaufende Saalbauten zweigeteilt werden. Diese Konfiguration entspricht dem Schema der fünfhöfigen Anlage mit großem Mittelhof. Allerdings haben wir es hier mit einer freien Anwendung zu tun, die das Schema als reines Grundriß-Muster auffaßt. Serlio bezieht die Grundrißfigur und die richtunggebende Achse aufeinander neu: die Achse verläuft nicht mehr nach der Länge, sondern nach der Breite des Rechtecks; dadurch fallen die großen, auf beiden Seiten des Hofes einander gegenüberliegenden Komplexe, die in der vitruvianischen Raumabfolge als Vestibulum-Atrium und Triclinium aufeinander bezogen waren, aus dem Spannungsfeld; sie können symmetrisch behandelt und einer neuen Zweckbestimmung übergeben werden; Serlio macht aus ihnen zwei große, einander entsprechende Säle. Aufgrund der neuen Achsenführung werden die Langflügel fassadentragend. Sie sind in ihrem Verlauf vereinheitlicht und erhalten eine symmetrische Gliederung, während die äußeren Kurzflügel an Gewicht verlieren und als bloße Mauerzüge behandelt werden, die die beiderseits der Säle liegenden Gärten abschirmen. Wie sehr sich Serlio von der extremen Gebundenheit gelöst hat, die in der italienischen Architektur herrschte, und in welcher Weise er das fünfhöfige Schema, das im Zusammenhang mit der vitruvianischen Raumabfolge entwickelt worden war, als reine Grundrißfigur verwendet, wird an der Komposition der Gärten deutlich; es sind dieselben Gärten, die bei Giuliano da Sangallos Neapler Entwurf das Triclinium zwischen sich nehmen und bei den Rekonstruktionen des römischen Hauses von Fra Giocondo und Palladio Vestibulum und Atrium begleiten; während sie dort aber Negativformen darstellen, die den Erfordernissen der gebundenen Grundrißgestaltung ihre Entstehung verdanken, setzt sie

Serlio als positive Elemente in seinen Grundriß ein. Man kann annehmen, daß darin ein französischer Zug zum Tragen kommt, denn Serlio gibt selber zu, sich den französischen Baugewohnheiten angepaßt zu haben, und er entwirft auch "al costume di Francia".

Der Palast des Königs ist dem Haus des Gouverneurs in der Konzeption ähnlich. Die Anlage ist einem gestreckten Reckteck eingeschrieben und besteht aus einer Folge dreier, in Haupthof und Seitenhöfe zerfallender Querteile und eines mit einem Hemizyklus abschließenden Gartens, die entlang der langen Achse aufgereiht sind. Im ersten Teilkomplex sind die Seitenhöfe jeweils durch einen Saalbau zweigeteilt. Sieht man von den übrigen Teilen ab und verselbständigt das durch den Eingangs- und den ersten Querflügel festgelegte Rechteck, so gewinnt man eine fünfhöfige Anlage mit großem Mittelhof, die nicht nur mit dem Wohnpalast des Gouverneurs, sondern auch mit dem Tuileriengrundriß große Ähnlichkeiten aufweist: das Rechteck ist festgelegt durch gleich breite, einraumtiefe Flügel; der Eingangsflügel ist verdoppelt und enthält in der Mitte ein breites Vestibulum, auf das ein schmaleres Atrium folgt; innere Kurzflügel, zwischen den Langflügeln eingespannt, bestimmen den quadratischen Mittelhof; große Säle mit reicher Nischengliederung verbinden die inneren mit den äußeren Kurzflügeln und sind jeweils von zwei Nebenhöfen flankiert.

In den Tuilerien tritt uns das Schema mit großer Deutlichkeit entgegen. Wie bei Serlio, und wahrscheinlich von ihm angeregt, ist es auf die kurze Achse bezogen. Wie bei Serlio, ergibt sich aus diesem Achsenverlauf, daß die Langflügel die übergeordneten Fronten tragen, und daß beiderseits des Hofes die großen Hallen, die nicht mehr mit Atrium und Triclinium identifiziert werden können, als symmetrisch angelegte, nicht aufeinander, sondern auf die Hauptachse bezogene Säle behandelt werden; sie haben jetzt ovalen Grundriß. Dennoch erscheint in den Tuilerien das Schema der fünfhöfigen Anlage mit großem Mittelhof nicht, wie bei Serlio, als reines Planmuster, ohne Bezüge zur Rekonstruktion des römischen Hauses angewandt. Der Mittelhof der Tuilerien ist rechteckig, während wir bei Serlio sowohl im Haus des Gouverneurs als auch im Palast des Königs, in den Teilen, die nach dem fünfhöfigen Schema konzipiert sind, quadratische Haupthöfe antreffen. Ganz allgemein sind quadratische Höfe Merkmale einer freien Grundrißbildung, im Gegensatz zu den rechteckigen, die auf die vitruvianische Raumabfolge hinweisen. Der Tuileriengrundriß unterscheidet sich aber nicht nur in der Hofform von den Anlagen Serlios, sondern besitzt Züge, die ihn, in Verbindung mit der rechteckigen Grundfigur des Hofes, in die Nähe der Rekonstruktion des römischen Hauses zurückbringen. So ist bei Serlio die lange Achse vollkommen unterdrückt; es gibt durch dessen große Säle keinen Durchgang; sie sind nur vom Haupthof aus zugänglich und stoßen mit ihrer äußeren Breitseite an die Begrenzungen der Anlage, die achsenparallel, also blind verlaufen; Serlios Säle besitzen ein "vorn" und ein "hinten". In den Tuilerien kann man bei den ovalen Sälen vorn und hinten nicht voneinander unterscheiden. Die Anlage besitzt eine lange Achse, die, wenn sie auch nicht mit derselben Stringenz wirksam wird, wie die kurze Achse, doch deutlich betont ist und den Grundriß mitbestimmt: sie führt vom einen seitlichen Torpavillon über einen ersten ovalen Saal, den Mittelhof und den zweiten ovalen Saal zum gegenüberliegenden Torpavillon, ohne dabei allerdings nach der einen oder anderen Richtung eine Steigerung zu erfahren. Wichtig ist aber, daß die ovalen Säle eine Durchgangsfunktion haben, und daß der rechteckige Hof quer zur langen Achse liegt. Dies entspricht in großen Zügen der vitruvianischen Raumabfolge, so daß die ovalen Säle der Tuilerien einer Identifizierung mit Atrium und Triclinium näher stehen, als die Säle des Serlio, die damit nichts mehr zu tun haben.

In dieser Hinwendung zur vitruvianischen Tradition eines Architekten, der offensichtlich unter dem Einfluß Serlios stand, können wir einen für Delorme typischen Zug erkennen, der ein tiefgehendes theoretisches Wissen besaß und von sich behauptete, daß er als Erster in Frankreich die richtige Baukunst eingeführt habe; er ließ sich von den Spekulationen der italienischen Architekturtheorie beeindrucken und berücksichtigte sie in seinem im übrigen stark französisch orientierten, entwerfenden Schaffen stets; dies im Gegensatz zu Ducerceau, der von Italien, wie es aus dem Vorwort zu den "plus excellents bastiments de France" hervorgeht, unabhängig sein wollte und zum Vitruvianismus keine Verbindung hatte.

Fig. II

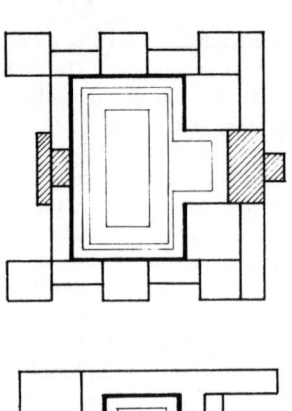

a) Giuliano da Sangallo, Palastprojekt für Ferdinand von Neapel

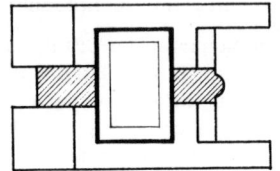

b) Fra Giocondo, Rekonstruktion des römischen Hauses, großer Grundriß

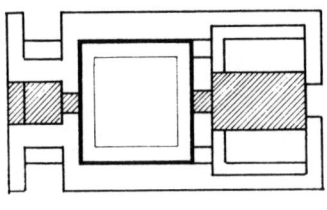

c) Palladio, Rekonstruktion des römischen Hauses, Buch II, S. 34

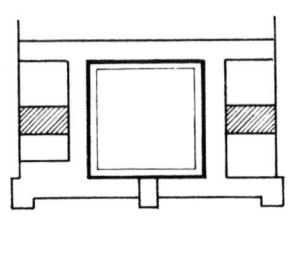

d) Serlio, Haus des Gouverneurs

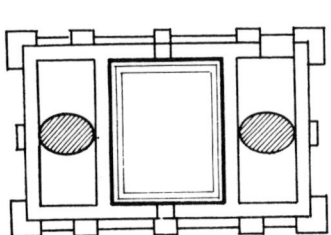

e) Tuilerien

Nach den Tuilerien wurde das Schema der fünfhöfigen Anlage mit großem Mittelhof in Frankreich noch zweimal aufgegriffen. Zunächst für das großartige Projekt Charleval, das die Residenz Karls IX werden sollte und im Jahre 1572 in Angriff genommen wurde, als man die Arbeiten an den Tuilerien einstellte. Nach zweijähriger Bauzeit, während der nur ein kleiner Teil dessen verwirklicht werden konnte, was der Grundriß Ducerceaus überliefert, wurde Charleval liegen gelassen. Dann diente das Schema, ein Jahrhundert später, Bernini als Grundlage für seinen Louvre-Entwurf, der von vornherein keine Aussicht auf Realisierung besaß.

Im Projekt für Charleval (25), das seit Geymüller Ducerceau selbst zugeschrieben wird, ist, wohl im Anschluß an Serlio, nur ein Teil der Palastanlage nach dem fünfhöfigen Schema konzipiert. Die gesamte Schloßanlage ist einem großen, allseits von Wassergräben umgebenen Quadrat eingeschrieben, das quer zur Richtungsachse halbiert und parallel dazu so ungleichmäßig gedrittelt ist, daß der mittlere die seitlichen Streifen an Breite überragt und in jeder Hälfte des großen Quadrats jeweils wieder ein Quadrat entstehen läßt. Das eine dieser Quadrate umfaßt das Hauptschloß, das nach dem Schema der Vierflügelanlage mit Eckpavillons entworfen ist, das andere den Haupthof des weitläufigen Vorschlosses, dem das Schema der fünfhöfigen Anlage mit großem Mittelhof zugrundeliegt. Während in der Hälfte des Hauptschlosses die Seitenstreifen Gartenanlagen enthalten, sind sie im Vorschloß durch die Nebenhöfe mit den sie jeweils voneinander trennenden Sälen ausgefüllt. Das fünfhöfige Schema des Vorschlosses ist, wie bei Serlio, als Grundrißmuster, ohne Bezüge zur vitruvianischen Raumabfolge angewandt. Die Merkmale sind dieselben: der Mittelhof hat quadratischen Grundriß und die Anlage ist auf eine einzige Hauptachse bezogen, die in der kurzen Achse des Grundrechtecks, also nicht durch die beiden längs gestellten Säle verläuft, so daß diese als symmetrisch behandelte Attribute des Baues erscheinen. Die Saaltrakte sind hier jeweils in der Mitte durch einen Durchgang unterbrochen; in jeder Hälfte ist ein Ballhaus (jeu de paume) untergebracht, das am charakteristischen, zweiseitigen Zuschauergang als solches erkennbar ist.

War im Anschluß an Serlio das fünfhöfige Schema in seinen wenigen französischen Anwendungen stets nach der kurzen Achse gerichtet aufgetaucht, so bezieht es Bernini in seinem Louvre-Entwurf, wie wir bereits gesehen haben, auf die lange Achse und rückt es damit wieder in die Nähe seines Ursprungs.

Es wird notwendig sein, zu diesem Bernini-Entwurf einiges zu sagen, von dem es meistens heißt, daß er von der alten Louvre-Anlage nichts bestehen lasse.

In den Vorstellungen, die vor der Planung einer gesonderten Ostfront vom erweiterten Louvre-Quadrat herrschten, ist dieses nach allen vier Seiten gleichmäßig behandelt und besitzt keine übergeordnete Richtungsachse; die zwischen den Eckpavillons eingespannten Schloßflügel sind dreiteilig gegliedert: zwei nach dem Schema des alten Lescot-Flügels komponierte Einheiten entwickeln sich jeweils beiderseits eines hervorragenden, die Mitte einnehmenden Torbaus. Es entsteht in der gleichberechtigten Entsprechung von Ost-West- und Nord-Süd-Achse ein Richtungskreuz, das, wie das große, um 1660 datierte Erweiterungsprojekt des Le Vau zeigt, auf die städtische Umgebung übergreift. Auf diesem Plan (26) sieht Le Vau nach Norden den achsengerechten Durchbruch eines neuen Straßenzuges vor, nach Süden die Schaffung eines weiten, symmetrisch behandelten Vorplatzes und eines Brückenschlages zum jenseitigen Seine-Ufer in Verbindung mit einem abschließenden Fassadenprospekt.

Dieses von der Gestalt des Schlosses abhängige Gleichgewicht der Richtungen war aber mit der von jeher bindenden Vorherrschaft des Ost-West-Zuges unvereinbar.

Zugleich mit der Absicht, den Louvre zu vollenden, erwachte der Wille, in der Ost-West-Richtung eine große, die königliche Residenz und mit ihr ganz Paris bestimmende Achse zu legen. Aufgrund der traditionsgebundenen Übernahme der regelmäßigen, richtungsindifferenten Schloßform ergab sich daher im Mittelpunkt des neuen Bauvorhabens ein tiefer, innerer Widerspruch, auf den sich alle Schwierigkeiten der Planung im Laufe der 60-er Jahre des 17. Jhdts zurückführen lassen.

Die Lösung des Problems suchte man in einer gesonderten Gestaltung des Ostflügels, der Träger einer Schaufassade werden sollte. Le Vau plante in seinem ersten Entwurf (27) im Osten einen breiten Doppelflügel mit zweiteiliger, repräsentativer Einfahrt, bestehend aus einem querovalen, vorspringenden Vestibül und einem anschließenden, dreischiffigen Atrium. In den verschiedenen Projekten wird das System der Verdoppelung durchweg angewandt, um den Schloßflügeln in der Ost-West-Richtung mehr Gewicht zu verleihen: so erscheint auf der Zeichnung des Francois d'Orbay, auf der für die Ostfront der kleine Kolonnadenvorschlag festgelegt ist (28), der Westflügel in beträchtlicher Breite verdoppelt, wobei ein sehr großer Saal die äußere Mitte einnimmt.

Durch solche nur einseitigen Verbreiterungen entstehen innerhalb der Gesamtanlage allerdings schwerwiegende Verschiebungen, die das Gleichgewicht des Baus gefährden, und es ist bekannt, wie aufgrund des Ausführungsentwurfs mit der gelängten Kolonnade in der Konzeption ein Bruch erfolgte, den es nie mehr gelang, zu überwinden. Vor diesem Hintergrund enthüllen die italienischen Vorschläge ihre Besonderheit: sowohl im zweiten Entwurf des Bernini, als auch im Projekt des Carlo Rainaldi (29) wird ein Auseinanderbrechen der Gesamtanlage vermieden durch die Schaffung gleichwertiger Flügel im Osten und im Westen und die Betonung der Hauptachse mit Hilfe von Mitteln, die dem Rekonstruktionsschema des antiken Hauses entlehnt sind. Rainaldi, in einer gemäßigteren Form,geht von der gegebenen Flügelstruktur des alten Louvre aus, die er im Westen und im Osten gleicherweise durch Verdoppelung steigert: breite, dreischiffige Durchfahrten, flankiert, wie im geopferten Pavillon de l'Horloge, durch Treppenhäuser; über den Durchfahrten, in beiden Flügeln, große Kapellenräume (auch dies in Anlehnung an den Pavillon de l'Horloge); im Osten und im Westen die gleiche Prunkfassade. Die Raumabfolge des antiken Hauses ist in diesem Entwurf sehr frei behandelt, bleibt aber mit der Besonderheit gewahrt, daß Anfang und Ende der großen, im Triclinium gipfelnden Achse hier vertauschbar sind, um der durchgehenden Ost-West-Richtung zu genügen: die Durchfahrt ist mit dem Atrium identifizierbar, der Hof mit dem Peristyl und die gegenüberliegende, im Obergeschoß befindliche und über die Treppen erreichbare Kapelle mit dem Triclinium (oder der Basilica).

Desselben Kunstgriffs bedient sich Bernini in seinem zweiten Entwurf: in den längs gestellten Komplexen, die die fassadentragenden Querflügel im Osten und im Westen mit dem Innenhof verbinden, sind jeweils im Erdgeschoß breite Durchfahrten und im Obergeschoß, darüber, große Säle untergebracht. Damit erfüllen beide Bauten zwei Funktionen zugleich, sie sind Durchgang und Staatsraum, der einen Durchfahrt im Erdgeschoß ist der gegenüberliegende Saal im Obergeschoß zugeordnet, so daß die Steigerung vom Atrium über das Peristyl zum Triclinium bewahrt bleibt. Im Gegensatz zu Rainaldi, der den alten Louvre-Hof unangetastet läßt, veranschaulicht Bernini diese Zusammenhänge durch die Anlage des monumentalen Hofes, den er durch die Aufstellung der kolossalen Säulenordnung zum Peristyl stempelt. Man hat Bernini vorgeworfen, er zerstöre mit seinem Peristylhof das alte Schloß gänzlich, weil man dahin gekommen war, den Louvre mit der Fassadenarchitektur des Lescot zu identifizieren. Dabei ist es gerade Bernini, der mit seinem fein durchdachten Ummantelungssystem (einem System, das später für die Erweiterung von Versailles wieder aufgegriffen wurde) die alte Bausubstanz am weitestgehenden verschont. Diese Ummantelung des alten Baus, den er zum Kern der größeren Anlage macht, verwirklicht er, indem er das Schema der fünfhöfigen Anlage mit großem Mittelhof aufgreift, wozu ihn vielleicht das Einsehen der alten Tuilerienpläne in Paris angeregt haben könnte.

Denn wenn den Entwürfen Rainaldis und Berninis auch dasselbe Programm zugrundeliegt, so unterscheiden sie sich im gleichen Sinne, wie die beiden Rekonstruktionen des römischen Hauses von Fra Giocondo: Rainaldi schafft mit der Flügelverdoppelung eine kleine, Bernini aber durch das Vorsetzen neuer, fassadentragender Trakte, die mit dem alten Kern verbunden werden, eine große Lösung.

Dem Schema der fünfhöfigen Anlage mit großem Mittelhof haftet, aufgrund seiner Zusammengehörigkeit mit der Rekonstruktion des römischen Hauses, etwas Ideales an. Es ist uns nur aus Zeichnungen bekannt, kein Gebäude ist je auf diesem Grundriß gebaut worden. Mit der Idealität war auch ein hoher Anspruch verbunden, denn Serlio, der das Schema aus seinem Zusammenhang mit der vitruvianischen Raumabfolge löste, benutzte es in seinem sechsten Buch nur für die beiden höchsten Bauaufgaben. Er war es, der das Schema in Frankreich einführte, wo es zwei königlichen Planungen zugrundegelegt wurde, die beide als ideal anzusehen sind und für die wegen ihres etwas größenwahnsinnigen Anspruchs keine Aussicht auf Vollendung bestehen konnte: den Tuilerien und Charleval.

Eine gewisse Bereitschaft Delormes, das fünfhöfige Schema aufzugreifen, kann angenommen werden; betrachtet man große Vorgängerbauten der Tuilerien, wie Anet und St Léger, so stellt man fest, daß deren Dreiflügelschema stets mit Erweiterungen versehen ist, die seitlich, in Richtung der Querachse entwickelt werden. In diesem Zusammenhang muß das ferraresische Haus des Serlio in Fontainebleau erwähnt werden, das zwei Nebenhöfe besitzt: (3o) jenseits des rechten Flügels erstreckt sich ein Nebenhof in langrechteckiger Form und jenseits des linken Galerieflügels ist der Ballspielplatz angebracht, um den auf drei Seiten ein gedeckter Zuschauergang gelegt ist. Die Nebenhöfe besitzen an der Hauptstraßenfront Zugänge, die beiderseits der Haupteinfahrt symmetrisch angeordnet sind. Auf dieses Beispiel scheint sich Delorme in St Léger zu beziehen (31): die nach dem regelmäßigen Viereck komponierte Anlage, durch die eine Richtungsachse läuft, ist in der Querachse, nach außen, um zwei Anbauten erweitert; jenseits des rechten Flügels liegt der Ballspielplatz, und jenseits der linken Galerie ist die Kapelle angefügt. Im Gegensatz zum Haus des Serlio aber, in dem die Nebenhöfe parallel zur Hauptrichtung gelegt sind und keine achsengerechte Querverbindung wirksam wird, ist in Delormes St Léger die Querachse betont und zu einer den Grundriß mitbestimmenden Richtung gemacht: Ballspielplatz und Kapelle liegen einander genau gegenüber, der rechte Flügel ist in seiner Mitte von einem Durchgang unterbrochen, der, von der übrigen Flügelfront unterschieden, die Gliederung der Kapellengalerie trägt. Diese Anordnung zeigt Verwandtschaft mit Anet (32), wo die Kapelle dem rechten Flügel ähnlich angeschlossen ist, wie in St Léger. Anet ist aber, im Unterschied zu St Léger, eine dreihöfige Anlage: der rechte Nebenhof ist auf einer Seite von alten, unregelmäßig verteilten Gebäuden begrenzt und besitzt in der Querrichtung ein Tor in Form einer Triumphpforte; der linke Nebenhof ist durch einen niedrigen, einstöckigen Flügel vom Garten getrennt und in der Querrichtung über eine Brücke mit dem großen Ballspielplatz verbunden, der jenseits des Grabens liegt. Daß diese Nebenhöfe nicht etwa zufällige Überreste des alten Schlosses darstellen, sondern mit dem dreiflügeligen Neubau zusammen ein Ganzes bilden, beweist die Tatsache, daß sowohl die Vorderfront mit ihren Eckpavillons, Terrassen und ihrem Mittelbau, als auch der arkadenumsäumte Garten die Anlage in ihrer gesamten, sich aus der Zusammenfügung aller drei Höfe ergebenden Länge einspannen. Wird die Schloßanlage in diesem Sinne gelesen, so besteht sie in einem Grundrechteck mit nach der kurzen Achse gelegter Hauptrichtung, das durch die Einfügung zweier innerer Kurzflügel in drei nebeneinander liegende Höfe zerspalten wird. Dies ist, bis auf die ovalen Säle, die die Nebenhöfe längs durchtrennen, die Grundform der Tuilerien. Für den Anschluß der ovalen Säle der Tuilerien an den Haupthof ergeben sich in den Kapellenanfügungen von St Léger und Anet Parallelen: in allen drei Fällen handelt es sich um den Zusammenstoß sphärisch begrenzter Räume mit Bauteilen, die nach dem Raster behandelt sind; beide Kapellen bilden, wie die ovalen Säle, vom Haupthof her gesehen, Auswüchse entlang der Querachse nach außen und schließen genau in der Mitte der Seitenflügel an; in Anet steht die Kapelle in Verbindung mit einem Galerieflügel; in St Léger steht sie mit einem Flügel in Verbindung, der im Erdgeschoß durch einen Arkadengang ausgehöhlt ist und im Obergeschoß eine Galerie enthält, und der in diesem Aufbau den inneren Verbindungsarmen der Tuilerien, an die die ovalen Säle anstoßen, absolut gleich ist.

f) Die durchgehende Zimmerflucht

Im Tuileriengrundriß sind einfache Flügel mit durchgehenden Zimmerfluchten nach dem fünfhöfigen Schema zusammengefügt.

Der einraumtiefe, langgestreckte Flügel, der eine fortlaufende Reihe von Zimmern enthält, ist ein wesentliches Element französischer Schloßbaukunst, das in spätgotischer Zeit aufkommt (33). Dabei setzt sich, mit einem Saal beginnend, die Reihe aus immer kleiner werdenden Räumen zusammen. Um 1500 erfährt dieses System eine Zentrierung: der Saal beherrscht die Mitte der Flucht, die sich auf beiden Seiten annähernd symmetrisch mit Zimmern in abnehmender Folge fortsetzt. Diese Anordnung zeigt der Flügel Ludwigs XII in Blois (34), wo auf der einen Schmalseite des Saales zwei quadratische, auf der anderen zwei kleine, querrechteckige und ein quadratisches Zimmer folgen. Eine stark verwandte Anordnung zeigt der Hauptflügel von Gaillon (35). Mit dem Aufkommen des auf eine Richtungsachse bezogenen, einhöfigen Chateau mit symmetrisch komponiertem Corps-de-logis wird diese Flügeleinteilung mit mittlerem Saal aufgegeben zugunsten einer unregelmäßigen Raumreihe, in die ein Treppenhaus oder ein Vestibül eingeschoben wird, das die achsiale Mitte des Flügels bildet. Bury, das, um 1520 für Florimond Robertet erbaut, einer der frühesten Vertreter der einhöfigen, achsengerichteten Schloßanlage sein dürfte, zeigt ein derart gegliedertes Corps-de-logis (36):

in der Mitte liegt das zweiläufige Treppenhaus, an das sich nach rechts ein dreiräumiges Appartement anschließt, bestehend aus Saal, Zimmer und Kabinett, während links in der Folge zwei aus Flur und Zimmer zusammengesetzte Kompartimente mit zwei quadratischen Räumen abwechseln.

Da bei einer dreiteiligen Raumfolge, die in geometrischer Reihe abnimmt, Zimmer und Kabinett zusammengenommen die Länge des Saales abgeben, kristallisierte sich der Typus des einfachen Flügels heraus, in dem das Treppenhaus oder das Vestibül die Mitte zwischen Saal einerseits und Zimmer mit Kabinett andererseits einnimmt. Diese Anordnung, die bei Bauten mäßigen Umfangs und besonders bei Stadthotels beliebt werden sollte, zeigt in exemplarischer Klarheit das Corps-de-logis des von Serlio für den Kardinal von Ferrara in Fontainebleau erbauten Hauses, in dem rechts vom Vestibül der Saal die eine Flügelhälfte, links davon Zimmer und Kabinett die andere Flügelhälfte einnehmen. Dieselbe Einteilung, mit einem Treppenhaus als Mitte, besaß der Hauptflügel des um 1615 von Salomon de Brosse errichteten Schlosses Coulommiers-en-Brie.

Bei dieser Kompositionsweise stoßen zwei Gestaltungsprinzipien zusammen: das der Reihung und das der Zuordnung auf eine Mittelachse.

Der Tuileriengrundriß ist in seinem Gesamtrechteck aus einfachen, fortlaufende Raumreihen enthaltenden Flügeln zusammengesetzt. Ihm liegt aber eine Achsialität zugrunde, die nicht nur die äußere Zusammenfügung der Bautrakte, sondern ebenfalls die innere Anordnung der Räume beeinflußt. So ist der mittlere Gartenflügel nicht nach der beschriebenen, beiderseits des Treppenhauses verteilten Dreierfolge konzipiert, sondern er ist auch hinsichtlich der Zimmerverteilung in ein reines, symmetrisches Gleichgewicht gebracht. Dies ist durchaus nichts Selbstverständliches. Zieht man zum Vergleich die Grundrisse heran, die in Ducerceaus eigenem Architekturbuch abgebildet sind, so wird man feststellen, daß ihnen Strukturen zugrundeliegen, die sich mit den Grundrißmerkmalen der Tuilerien schwer in Einklang bringen lassen. Ducerceaus erstes Architekturbuch, das 1559 herauskam, ist ähnlich dem sechsten Buch Serlios nach der sozialen Leiter aufgebaut. Es beginnt, wenn nicht mit der Hütte des armen Bauern, so doch mit einfachen Gebäuden, geht über zu Häusern mittlerer Größe und endet mit aufwendigen Anlagen für den Adel. Schon das erste, einfachste Haus zeigt, daß Ducerceau seine Grundrisse auf der Dreierfolge Saal-Zimmer-Kabinett aufbaut. Das Grundrechteck des Hauses ist im Wohnstockwerk durch zwei Querwände in drei Kompartimente geteilt, wobei das rechte mit Aula, das mittlere, von dem die Treppe abgespalten ist, mit Vestiarium und das linke mit Cubiculum bezeichnet ist.

Das vierte Haus zeigt eine rechteckige Aula, an die rechts und links zwei andere Rechtecke nach der U-Form gefügt sind, die beide Zimmer, Kabinett und Garderobe enthalten. Dieses Grundmuster, um einen Saal in sich geschlossene Wohneinheiten zu gruppieren, beherrscht viele Entwürfe des Ducerceau, und es überrascht deshalb nicht, daß er gern und häufig den Typus der Hausmitte mit vier (oder mehr) Trabanten anwendet.

Abb. 16

Auch bei Anlagen, die nicht zu diesem Typus gehören und bei einfacher Zusammenfügung einraumtiefer Flügel um einen viereckigen Hof einige Ähnlichkeit mit den Tuilerien bieten könnten, stellt sich heraus, daß sie in ihrer inneren Disposition Additionen von Zweier- oder Dreierwohnungen darstellen. Der vierzigste Grundriß besteht in einer großen, quadratischen Anlage mit vier die Ecken beherrschenden Pavillons und einem den Hof umgebenden Arkadengang; im oberen Flügel, der in der Mitte von der breiten, dreitorigen Einfahrt durchtrennt ist, befinden sich auf beiden Seiten Dreierfolgen, die jeweils vom seitlichen Treppenhaus und vom Arkadengang aus zugänglich sind; sie sind nicht in eine durchlaufende Zimmerflucht einbezogen, sondern bestehen für sich als geschlossene Einheiten. Dasselbe wiederholt sich im unteren Flügel, beiderseits der schmaleren Einfahrt, und im linken Flügel, wo eine Dreierfolge und eine doppelte Zweierfolge durch die in die Mitte des Flügels eingefügte Treppe voneinander geschieden werden.

Im siebenundvierzigsten Projekt, das mit dem inneren Quadrangel der Tuilerien die Eigentümlichkeit teilt, jeweils zwei einander gegenüberliegende Arkadengänge in ihren Öffnungen einmal zum Hof und einmal nach außen zu kehren, ist im rechten Flügel die Geschlossenheit der Appartements soweit getrieben, daß innerhalb des Flügels keine Kommunikation mehr möglich ist.

Solche Entwürfe sind in sich zwiespältig, denn sie verknüpfen die großteilige Außenform des gleichmäßigen Vierecks mit der ihr streng genommen nicht gemäßen inneren Kompositionsweise der Addition geschlossener Einheiten. Das vierzigste Projekt mit seiner einfachen Vierflügelform kann denn auch innerhalb des Ducerceauschen Werkes als Ausnahme gelten, da er sonst für die äußere Gestalt seiner Schlöser im Einklang mit seinen Innendispositionen ein schroffes Gegeneinander-Setzen selbständiger Baukörper bevorzugt. So findet sich in keinem seiner Entwürfe eine durchgehende Zimmerflucht, und das den Tuilerien eigene Strukturmerkmal der Verdoppelung fehlt bei ihm auch ganz. Komponiert Ducerceau mit Flügeln und Pavillons, so setzt er sie derart zusammen, daß die Pavillons durch die ganze Gebäudetiefe gehen und die Flügel zwischen sich nehmen.

Ducerceau wendet durchaus symmetrische Raumordnungen an, es handelt sich dabei aber um ein Zusammensetzen der Wohneinheiten nach einem achsialen Prinzip, das rein geometrisch aufgefaßt ist, und nicht, wie im Gartenflügel der Tuilerien um ein Stabilisieren der Raumgewichte beiderseits einer Richtungsachse. Deshalb kann er auch nach beliebigen geometrischen Figuren addieren, in Windmühlenform oder auch ganz unregelmäßig.

Das Komponieren mit geschlossenen Wohneinheiten ist keine Eigenschaft von Ducerceau allein, sondern scheint ganz allgemein die französische Grundrißbildung des 16. Jhdts zu beherrschen. Denn der rechte Flügel des ferraresischen Kardinalhauses in Fontainebleau erscheint genauso zusammengesetzt, wie der rechte Flügel von Ducerceaus siebenundvierzigstem Projekt: von dem Eckzimmer aus, dem ein Kabinett angehört, gibt es keine Verbindung zu den Räumen des Flügels; das nächste Zimmer ist von der Loggia aus über eine Wendeltreppe erreichbar; das folgende Dreierappartement ist vom Hof her zugänglich; darauf zerschneidet der Durchgang zum Nebenhof den Flügel, der in einer selbständigen Dreiereinheit endet.

Es gelingt nicht, im Tuileriengrundriß solche Wohneinheiten zu isolieren. Sieht man vom nordöstlichen Eckpavillon ab, der vier zusammenhängende, mit der anstoßenden Galerie durch eine einzige Tür in Verbindung stehende Zimmer enthält und damit eine verselbständigte Wohnung darstellt, bilden alle Flügel in ihrer gesamten Länge, unter Einbeziehung der Eckpavillons, durchgehende Fluchten mit in einer Linie stehenden Türöffnungen. Innerhalb dieser langen Bahnen glaubt man wohl Zäsuren und Gruppierungen zu erkennen, nirgends kann man aber ein deutlich abgehobenes Dreier- oder Vierersystem ausmachen im Sinne der Folge Saal-Zimmer-Kabinett-Garderobe. Im Stadtflügel ergeben sich aufgrund der Unterbrechungen der Zimmerflucht durch die inneren Verbindungsarme und die nördliche Galerie geschlossene Zimmergruppen, die aber genauso wenig dem geläufigen Appartementschema entsprechen.

Stellt man fest, daß Grundrisse, in denen um einen öffentlichen Bereich geschlossene Wohnungen angeordnet sind, mit Vorliebe für Jagdschlösser und Landhäuser verwandt werden (auch Palladio bediente sich für sein Villenschema einer im Prinzip ähnlichen Disposition) und daß Ducerceau seine Projekte zwar dem Aufwand nach staffelt, aber als Leitgedanken ökonomische Wohnpraxis setzt, so wird man mit einigem Recht annehmen können, daß im Tuileriengrundriß die Anwendung des langgestreckten Flügels mit unendlich fortsetzbarer Zimmerfolge, mit einem fürstlichen Repräsentationsanspruch verbunden ist.

g) Die Achsialität

Die lange und die kurze Achse des Tuilerien-Grundrechtecks sind ihrem Gewicht nach unterschieden. Die lange Achse erscheint wesentlich indifferent; sie schneidet, über die ovalen Säle und den Mittelhof von Torpavillon zu Torpavillon verlaufend, die Anlage durch, ohne daß in ihrem Lauf Schwerpunkte entstünden. Dagegen ist die kurze Achse gerichtet. Sie führt vom Vestibül auf den Treppenhauspavillon zu. Obwohl die mittleren Stadt- und Gartenflügel in ihrer großen Gliederung gleich behandelt sind und ihre Hoffassaden eine einheitliche architektonische Gestaltung tragen, sind sie als Eingangs- und Hauptflügel ihrem Wert nach deutlich voneinander unterschieden. Die aus Vestibül und Atrium zusammengesetzte Durchfahrt einerseits und das die Mitte einnehmende Trappenhaus andererseits sind hier die typischen Erkennungsmerkmale. In die scheinbar im Gleichgewicht verharrende, zweiachsig symmetrische, fünfhöfige Anlage ist also das Schema des auf eine Richtungsachse bezogenen, einhöfigen "Chateau" vom Typus Bury eingearbeitet. Die Unterschiede, die sich im einzelnen zwischen beiden Flügeln ergeben, sind auf diese Tatsache zurückzuführen. So bezeichnen der breite, dreitorige Vestibülpavillon und die ihm angeschlossenen, stattlichen Arkaden, deren Pfeilern Säulen vorgesetzt sind, die Eingangsfront. Der Weg geht entweder über die Durchfahrt in den Hof und von hier zum Gartenflügel, oder er zweigt vom Vestibül rechtwinklig in einen der beiden Arkadengänge ab; diese sind an die Verbindungsarme angeschlossen, über die der Hauptflügel direkt und bequem zu erreichen ist.

Die Zimmerverteilung ist im Stadtflügel kleinteiliger. Vergleicht man die Dreiergruppen, die beiderseits des Atriums angeordnet sind, mit den Zimmern des mittleren Gartenflügels, so wird deutlich, daß der Gartenflügel als Hauptteil des Schlosses Staatsräume enthält, während im Eingangsflügel Räume untergeordneter Bedeutung untergebracht sind.

h) Vergleich mit St Maur

Abb. 8

Die Art, wie der mittlere Stadtflügel zwischen die Verbindungsarme zurückgenommen wird, erinnert stark an den Grundriß von St Maur I. Mit St Maur I besitzt das mittlere Viereck der Tuilerien überhaupt weitgehende Ähnlichkeiten. So haben wir es bei St Maur I ebenfalls mit der zunächst indifferent erscheinenden Gesamtform eines aus gleich breiten Flügeln zusammengefügten Vierecks zu tun, in das durch leichte Verschiebungen eine Hauptrichtung gebracht wird. Quer- und Längsachse sind durch die allen vier Hoffassaden gemeinsamen säulenumstellten Mitteleingänge beide gleichermaßen architektonisch betont; die Querachse bleibt aber ohne Bedeutung, während die Längsachse für die Gesamtanlage wirksam wird.

Der Eingangsflügel von St Maur ist von den Seitenflügeln eingekeilt und um ein Geringes nach innen gerückt. In seiner Mitte sitzt eine breite, dreitorige Durchfahrt. Zwischen ihr und den Seitenflügeln sind Zweiraumgruppen eingeschlossen, wobei von den äußeren, kleineren Räumen auf der Hofseite jeweils Durchgänge mit Treppen abgespalten sind. Dies ist eine Anordnung, die in ihren Grundzügen derjenigen des Tuilerien-Stadtflügels entspricht.

Der Gartenflügel ist ähnlich dem Gartenflügel der Tuilerien in seiner Raumverteilung symmetrisch aufgebaut: die Mitte nimmt das Vestibül ein, von dem die große Gartenfreitreppe ausgeht; beiderseits des Vestibüls sind je ein rechteckiges und ein quadratisches Zimmer angeordnet.

Im linken Flügel folgt auf eine eingebaute Zweiergruppe mit parallelem Flur eine Galerie.

Im rechten Flügel sind in unregelmäßiger Reihenfolge sechs Zimmer untergebracht, wobei manche die volle Flügelbreite einnehmen, andere jedoch durch die Parallelschaltung eines Flurs eine Fensterwand verlieren.

Eine weitere Eigentümlichkeit, die St Maur I mit den Tuilerien teilt, ist das Nebeneinanderbestehen einer strengen Gliederung und freier Behandlung der Fassaden: die Hoffronten tragen eine aus Doppelpilastern und Säulen bestehende korinthische Ordnung, die auf die Eingangs- und die Gartenfront weiterwirkt, während die Außenfassaden der Seitenflügel unregelmäßig durchfenstert sind. Im Eingangs- und im Gartenflügel liegen die Fenster eines Raumes entweder in einer Achse, oder es steht einem Fenster jeweils ein geschlossenes Wandstück gegenüber. Dies entspricht der Fensteranordnung im mittleren Gartenflügel der Tuilerien. In den Seitenflügeln hingegen sind die Längswände in ihrer Durchfensterung in keiner Weise aufeinander bezogen. Dies entspricht der Durchfensterung der Galerien in den Kurzflügeln der Tuilerien.

Im Grundriß von St Maur I gelingt es ebensowenig, wie im Tuileriengrundriß, einzelne Appartements voneinander zu unterscheiden.

Das Komponieren mit einraumtiefen, fortlaufende Zimmerreihen enthaltenden Flügeln nach einer viereckigen Gesamtform, die Betonung einer Hauptrichtung, die symmetrische Anordnung der Räume um einen Mittelteil im Hauptflügel, die gemischte-gebundene und freie - Behandlung der Fassaden, all dies sind die Tuilerien und St Maur verknüpfende Ähnlichkeiten struktureller Art, die man vor dem Hintergrund gleichzeitiger Baugewohnheiten als für Delorme typische Entwurfsmerkmale erklären möchte. Dabei kann man annehmen, daß trotz der schlechten Qualität der Holzschnitte, die Delorme im Laufe seines Architekturtraktates mehrfach beklagt, der Grundriß von St Maur auf Fol. 17v in solchen grundsätzlichen Zügen mit der Vorzeichnung des Architekten übereinstimmt.

Es muß in diesem Zusammenhang noch hinzugefügt werden, daß die den Tuilerien eigene Verdoppelung der einfachen Zimmerflucht nach außen sich im Erweiterungsentwurf Delormes für St Maur wiederfindet.

II. DER BAUGEDANKE

a) Der Palaestra-Palast

So klar das Schema der 5-höfigen Anlage mit großem Mittelhof mit der Rekonstruktion des römischen Hauses zusammenhängt, so wenig wird man für den Tuilerienentwurf annehmen, er stelle einen solchen Rekonstruktionsversuch dar. In ihm wird vielmehr dieses Schema zum Traggerüst für einen ganz anderen Baugedanken gemacht, denjenigen des Palaestra-Palastes.

Für die Palaestra, wie sie Vitruv beschreibt (V, XI), scheint das Interesse in der Architekturtheorie verschieden groß gewesen zu sein. Einer mehr nüchternen Richtung, für die sie neutrales Untersuchungsobjekt war (Fra Giocondo, Barbaro, Palladio) steht eine weniger archaeologische, mehr "romantische", ideal zeitbezogene Schule gegenüber, die ihre Interpretation mit Sinn füttert und die Palaestra als Ausgangsbasis für einen neuen Baugedanken setzt. Dieser neue Gedanke des Palaestra-Palastes wird in Cesarianos Vitruv-Kommentar zum ersten Mal schriftlich formuliert, ist aber früher schon in Entwürfen greifbar, unter denen Giuliano da Sangallos Projekte für Ferdinand von Neapel und Lorenzo il magnifico an allererster Stelle stehen. Während man die erste, nüchterne Richtung als "modern" bezeichnen kann, erscheint die zweite mittelalterlichem, ritterlichem Gedankengut noch stark verhaftet. Der Palaestra-Palast ist eine Schöpfung jener Renaissance, die mit Hilfe des Antikischen Dinge erhöht und idealisiert, deren Wurzeln weit nach rückwärts reichen.

Für Cesariano ist die Palaestra keine Schule, keine Anstalt, in der junge Leute sich üben und gebildet werden, sondern ein Gebäude mit höfischem Charakter, das der Übung des Körpers und des Geistes gewidmet ist. Es ist ein Palast im eigentlichen Sinn, der nicht nur die von Vitruv aufgeführten, athletischen Zwecken vorbehaltenen Räume, sondern auch Festsäle und Wohntrakte enthält. Dieser Palast ist aber nicht die ständige Residenz des Fürsten, er ist auch nicht der Ort, von dem aus regiert wird, sondern das Haus, in dem man sich dem Otium hingibt, die Künste und Wissenschaften pflegt, Feste und Spiele veranstaltet. Das Spiel ("giocare") ist der Oberbegriff all dessen, was hier geschieht: "An diesen Orten jedoch üben sich die Personen in jeder Art von Spiel, sei es ruhig oder heftig: manche ringen mit Armeskraft nach der Weise der Bären, wie man sagt, manche fechten und werfen den Speer, manche springen und tanzen, manche schießen mit Bogen und Armbrust, andere wieder lassen in den Stadien die Pferde laufen und kämpfen zu Fuß und zu Pferd, nach allen Regeln der Kunst, die vornehmlich der Kriegführung dient, wie es in manchen Staaten Asiens und auch in Germanien üblich sein soll.

Dann üben sie sich in den verschiedenen musikalischen Gattungen, im Singen und im Spielen verschiedener Instrumente, nicht zuletzt in den

Wissenschaften, die die gelehrten Philosophen und die Weisen in den Gymnasien pflegen ..." (1).

Diese Aufzählung von Tätigkeiten entspricht dem Topos "sapientia et fortitudo" (2) und besitzt in der Literatur des 16. Jhdts zahlreiche Parallelen. An erster Stelle ist hier Castiglione zu zitieren, der die höfischen Ideale nach derselben Dualität von Körper und Geist gliedert, wobei dem Körper der Vorrang vor dem Geist zugestanden wird in dem Sinn, daß die Kräfte des Geistes von den Kräften der Physis abhängen: (3) "Es waren also die Stunden des Tages auf ehrenvolle und vergnügliche Übungen sowohl des Körpers als auch des Geistes verteilt (I,IV, S. 18)".

"Um aber zu Einzelheiten zu kommen, so halte ich dafür, daß der hauptsächliche und wahre Beruf des Hofmannes das Waffenhandwerk sein muß; dieses vor allem, möchte ich, soll er eifrigst ausüben, und er sei darin als kühn und gewaltig bekannt und als treu dem, dem er dient" (I, XVII, S. 4o). "Deshalb möchte ich, daß er in guter Verfassung und wohlgestaltet an Gliedern sei, Kraft, Leichtigkeit und Gewandtheit zeige und alle körperlichen Übungen verstehe, die einem Kriegsmann zukommen. Dabei, denke ich, muß das Erste sein, jede Art von Waffen zu Fuß und zu Pferd gut zu handhaben ..." (I, XX, S. 45).

"Ich halte ferner dafür, daß es recht wichtig ist, sich auf den Ringkampf zu verstehen, da er sich häufig mit der Anwendung aller zu Fuß gebräuchlichen Waffen paart" (I, XXI, S. 46).

"Es gibt noch viele andere Übungen, die, ohne unmittelbar von den Waffen abzuhängen, dennoch mit ihnen in Zusammenhang stehen und männliche Tapferkeit verlangen. Unter ihnen scheint mir die Jagd zu den vorzüglichsten zu gehören, da sie eine gewisse Ähnlichkeit mit dem Krieg hat ... Angemessen ist es ferner, schwimmen, springen, laufen und Steine werfen zu können, da es außer dem Nutzen, den man daraus im Krieg ziehen kann, häufig vorkommt, sich in derartigen Dingen beweisen zu müssen ... Eine edle und für einen Hofmann höchst schickliche Übung ist auch das Ballspiel, bei dem man gut die körperliche Veranlagung und die Schnelligkeit und Gewandtheit jedes Gliedes sieht ..." (I, XXII, S. 46 - 48).

"Außer der Güte aber, meine ich, sind der wahre und hauptsächliche Schmuck des Herzens bei jedem die Wissenschaften ..." (I, XLII, S. 76).

"Ich möchte, daß er in den Wissenschaften mehr als mittelmäßig gebildet sei, wenigstens in jenen Studien, die man die humanistischen nennt, und daß er nicht nur von der lateinischen, sondern auch von der griechischen Sprache Kenntnis habe, und zwar wegen der vielen und verschiedenartigen Dinge, die in ihr vortrefflich beschrieben worden sind. Er sei in den Dichtern und nicht weniger in den Rednern und Geschichtsschreibern erfahren und auch im Schreiben von Versen und Prosa geübt ..." (I, XLIV, S. 8o).

"Ihr müßt wissen, Signori, daß ich mich mit dem Hofmann nicht zufrieden gebe, wenn er nicht auch Musiker ist und sich auf verschiedene Instrumente versteht und außerdem im Singen und Spielen nach Partituren erfahren und sicher ist" (I, XLVII, S. 85).

Der Baugedanke eines Hofes der Tüchtigkeit und der Bildung, an dem der Hofmann sich allen Tätigkeiten hingeben und alle Eigenschaften entfalten kann, die Castiglione als die ihm gemäßen erklärt, erweist sich als ein Ideal der Zeit. Dabei ist der Baugedanke nicht notwendig mit einer bestimmten Baugestalt identisch. Rabelais, beispielsweise, entwirft in seiner Abtei Thêlème einen solchen Idealhof, verleiht ihm aber andere Formen als Cesariano. Daß das Programm dasselbe ist, bezeugen Rabelais' Schilderungen der verschiedenen zur Anlage gehörenden Bauteile und der Lebensgewohnheiten der Bewohner (4): "Vor dem Damentrakt befanden sich zur Lust ihrer Augen, draußen zwischen den beiden ersten Türmen, die Turnier- und Rennplätze, die Reitbahn, das Theater und die Schwimmbecken mit den herrlichen, dreistöckigen Bädern, wohl versehen mit allem Notwendigen und Myrrhenwasser im Überfluß. Unten beim Fluß lag der schöne Lustanger und mitten darin war ein anmutiger Irrgarten. Zwischen den beiden anderen Türmen standen die Ballhäuser für das Spiel mit kleinen und großen Bällen ... Zwischen den dritten Türmen lagen die Schießstände für Arkebuse, Bogen und Armbrust. Die Wirtschaftsgebäude, einstöckig, waren außerhalb des Hesperia-Turmes, dahinter die Stallungen, weiterhin davor die Falknerei ... Jägerhof und Zwinger lagen etwas weiter weg nach dem Park zu."

"So adlig gebildet und wohlerzogen waren sie alle, daß nicht einer noch eine unter ihnen war, die nicht hätten lesen, schreiben, singen, ein wohlklingendes Musikinstrument spielen, fünf oder sechs Sprachen sprechen und darin sowohl in Versen als auch in ungebundener Form dichten können. Nie zuvor hatte man so mannhafte, ritterliche, zu Fuß und zu Roß so gewandte, nie kräftigere, behendere und in allen Waffen so bewanderte Ritter gesehen, wie es sie dort gab ..."

Rabelais stützt sich für seine Abtei nicht auf die antike Palästra. Er entwirft eine Anlage, die sich, wie das Chambord Franz' I, an die Formen des mittelalterlichen "Chateaufort" anlehnt (5): um einen geräumigen, sechseckigen Hof legen sich die Gebäudeflügel; an den Ecken springen kräftige, runde Türme nach außen vor, und der ganze Bau ist von einem Wassergraben umgeben.

Cesariano hingegen identifiziert den ritterlichen Idealhof mit der Palästra, in deren Rekonstruktion er nicht nur die Angaben Vitruvs zu berücksichtigen, sondern auch dem vielfältigen, neuen Bauprogramm gerecht zu werden versucht. So gibt er, im Gegensatz zu den

Abb. 17   übrigen Vitruv-Kommentatoren, die zur Palästra entweder keine Illustration (Barbaro) oder eine Rekonstruktion liefern, bei der sich um einen einzigen, quadratischen Peristylhof die Räume, Portiken und Kampfbahnen gruppieren (Fra Giocondo, Palladio), eine langgestreckte, vielhöfige Anlage an. Die Mitte des Gebäudes nimmt der Xystos ein, jener vertiefte Stufenhof, der als das Kennzeichen des Palästra-Palastes angesprochen werden kann. Der Xystos ist in der Palästra-Beschreibung des Vitruv nur ein Randteil der Anlage (V, XI): "Außerhalb aber sollen drei Säulenhallen (porticus) angelegt werden, eine da, wo man aus dem Peristyl heraustritt, zwei rechts und links mit Wettkampfplätzen (stadiatae), von denen die eine, die nach Norden gerichtet ist, doppelt und mit ansehnlicher Breite gebaut werden soll, die beiden anderen einfach, so gestaltet, daß sie an den Teilen, die rings an den Wänden und an den Säulen verlaufen, erhöhte Stege haben wie Fußwege, jeder Steg nicht weniger als 1o Fuß breit. Den Teil in der Mitte zwischen den Stegen sollen sie vertieft haben, so daß beim Herabsteigen von den Randwegen zu dem ebenen Platz Stufen von 1 1/2 Fuß Höhe sind. Die ebene Fläche soll nicht weniger als 12 Fuß breit sein; so werden Leute, die bekleidet auf den Randwegen rings herum wandeln, nicht von denen belästigt werden, sie sich im Mittelteil mit Öl gesalbt üben. Eine solche Säulenhalle wird bei den Griechen Xystos genannt ..." (6). Trotz dieser Randstellung wird der Xystos von den Renaissance-Architekten aufgrund seiner Verwendbarkeit als Turnier- oder Theaterhof gerne verselbständigt oder zum Zentrum einer Anlage gemacht. Obwohl, streng genommen, nach Vitruvs Ausführung der Xystos überdacht sein sollte, bürgerte es sich ein, ihn als offenen Hofraum aufzufassen. (Félibien erklärt später in seiner Beschreibung der Landhäuser des Plinius, unter Xystos sei ein allseits von Gebäuden umschlossener, offener Platz zu verstehen (7)).

Den Xystos umgibt Cesariano auf allen Seiten mit Säulenhallen, wobei er die nach Süden (auf dem Holzschnitt nach unten) liegende verdoppelt, ein Zug, in dem offenbar wird, daß hier der Xystos das Zentrum der Anlage an Stelle des Peristyls einnimmt. Auf beiden Seiten des Xystos sind Gärten angebracht, was Vitruvs Anweisung entspricht, unmittelbar bei dem Xystos, unter freiem Himmel Spazierwege anzulegen. Nach Norden schließt der Gebäudeflügel an, der in der Mitte das Ephebeum, rechts und links davon die von Vitruv aufgeführten Räume enthält. Im Norden und Süden sind je ein großer, quadratischer Peristylhof. In den Aufrißfragmenten zeigt Cesariano offene Arkadenhallen mit Brüstung, die ein geschlossenes Obergeschoß tragen. Auch im Grundriß wird ausreichend deutlich, daß, mit Ausnahme des breiten Gebäudes, in dem sich das Ephebeum befindet, sämtliche Flügel im Erdgeschoß offen sein müssen. Darin offenbart sich ein grundlegendes Charaktermerkmal der Palaestra, das mit praktischen Erfordernissen zusammenhängt: Vitruv schreibt von den drei Portiken, die nach außen (extra) angelegt werden müssen, und Cesariano er-

klärt in seinem Kommentar, daß an den Langseiten der Anlage (von
R nach T und von S nach V) Pferderennen stattfinden; die nach außen
geöffneten Erdgeschoßarkaden dieser Langseiten erhalten also die
Funktion von Zuschauertribünen. Dies entspricht auch den Angaben
Albertis, der V, 17 schreibt: "Da nun, wie ich gesagt habe, die Teile
des Hauses teils für alle, teils für mehrere, teils für einzelne gehören, werden sie darin, was für alle gemeinsam ist, die Paläste der
Fürsten nachahmen. Vor dem Eingang werden nämlich ausgedehnte
Plätze erforderlich sein für Wettspiele zu Wagen und zu Pferd, welche jene für die Spiele der Jugend mit Wurfspeer und Pfeil weit übertreffen." (8)

Durch seinen beherrschenden Xystos-Hof erweist sich das Palastprojekt Giuliano da Sangallos für Ferdinand von Neapel als mit Bestandteilen der palaestra-Rekonstruktion durchsetzt (9). Dies überrascht
umso weniger, als man in diesem Palast offensichtlich eine Anlage
im Sinne des idealen Ritterhofes zu erblicken hat. Die Tuilerien erscheinen also mit dem Neapler Entwurf Giuliano da Sangallos doppelt
verwandt: im Planschema und im Bauprogramm. Diese Verwandtschaft wird durch eine äußerliche Begebenheit bekräftigt, denn ein
Palastmodell von der Hand Giuliano da Sangallos ist tatsächlich einem
französischen König (Karl VIII) zum Geschenk gemacht worden; stellt
man es sich dem Entwurf für Neapel ähnlich vor, kann man annehmen,
daß es auf die Tuilerienplanung einen Einfluß ausgeübt hat. Vasari
berichtet in der Vita des G. da Sangallo: (1o) "Einige Monate blieb er
(Sangallo) in Rom, der Kardinal geriet jedoch beim Papst in Ungnade,
entfloh, um nicht gefangen gesetzt zu werden, und Giuliano leistete
ihm treulich Gesellschaft ... Der Zorn des Papstes gegen den Kardinal stieg mehr und mehr, und dieser begab sich nach Avignon. Dort
angelangt sandte er dem König von Frankreich als Geschenk das Modell zu einem Palast, welches Giuliano für ihn gearbeitet hatte, es
war bewunderungswürdig aufs reichste verziert und geeignet, den
ganzen königlichen Hofstaat aufzunehmen. Dieser befand sich zu Lyon,
als Giuliano sein Modell überreichte; der König empfing es mit Freuden, belohnte den Künstler reichlich, rühmte ihn sehr und ließ dem
Kardinal zu Avignon viele Danksagungen machen". Dies geschah im
Jahre 1494.

In vielen, wesentlichen Merkmalen unterscheiden sich die Tuilerien
aber vom Sangallo-Projekt und rücken in die Nähe von Cesarianos
Palaestra. Die Ausbildung der Tuilerienhöfe als Xysten genügten
schon, um die Zugehörigkeit des Tuilerienentwurfs zum Baugedanken des Palaestrapalastes nachzuweisen. Es zeigt sich aber, daß
sich die Arkadengänge der Tuilerien auch mit den offenen Seiten der
Cesariano-Palaestra analogisieren lassen. Um diese Arkadengänge
richtig interpretieren zu können, ist es notwendig, von den Umbauten,
die später an ihnen vollzogen wurden und ihren Sinn verändert haben,
abzusehen und sich an den Gegebenheiten der Bauzeit zu halten. So

zeigt ein Stich Israel Sylvestres (Veue du Dôme du Pallais des Tuileries ...) die Arkaden in der Sockelzone der Ordnung geöffnet, die Gänge also mit dem Schloßvorplatz frei kommunizierend; auf einer Idealdarstellung der Schloßfront desselben Stechers (Palais de la Reyne Catherine de Médicis, dit les Tuileries ...) (11) ist davor sogar ein großes Broderie-Parterre zu sehen, so daß die Arkadengänge vollends als Gartenloggien erscheinen. Dies sind aber Umdeutungen des 17. Jhdts. In Wahrheit besitzen die Arkaden, wie der Stich Ducerceaus dokumentiert, in Höhe der Pilaster- und Halbsäulensockel Brüstungen, die die Gänge von außen unzugänglich machen; sie sind auch nicht von den dahinter liegenden Zimmern aus zu erreichen und kommunizieren nur mit dem Vestibulum und den angrenzenden Pavillons.

Eine Entwurfszeichnung Antoine Carons zu einem Wandteppich gibt Aufschluß über ihre Bedeutung (12). Die Zeichnung stellt ein Turnierspiel vor versammelter Hofgesellschaft dar. Vorne stehen auf einem Podest erhöht diejenigen Figuren, die in der Teppichausführung mit Porträtköpfen wichtiger Personen vom Hofe versehen zu werden pflegen. Die Turnierreiter sprengen von links gegen einen in der Kampfbahnmitte aufgestellten Drachen heran. Die Kampfbahn ist links durch einen hochgesockelten, quadratischen Pavillonbau begrenzt, in dem Trompetenbläser und Trommler stehen; nach hinten wird sie durch einen bildparallel gerichteten, einstöckigen, mit einer Terrasse bedeckten Arkadenflügel abgeschlossen, der als Paraphrase des Arkadenvorbaus der Tuilerienfront angesehen werden kann: zwischen den Arkadenöffnungen stehen je zwei Halbsäulen auf einem gemeinsamen Sockel; sie tragen die charakteristischen Schaftringe, denen eine horizontale Bänderung der Arkadenpfeiler entspricht; in Sockelhöhe sind die Arkaden durch Brüstungen geschlossen; die Terrasse ist von einer Balustrade umgeben, über einer Arkadenöffnung jedoch ist eine Bekrönung angebracht, die aus einem gebrochenen Giebel besteht, auf dessen Ansätzen geflügelte Figuren ruhen und in dessen Mitte ein Wappen steht (diese Giebelbekrönung tragen auch die Kartuschenädikulen im Obergeschoß der Tuilerien). Wichtig ist, daß dieser Arkadenbau die Funktion einer Zuschauertribüne erfüllt: in den Arkaden und auf der Terrasse stehen Hofleute, die das Turnierspiel verfolgen. Durch die Sockelbrüstung, auf die sie sich stützen, sind die im Erdgeschoß stehenden Zuschauer vor dem Kampfgetümmel geschützt. Der Giebelaufsatz bezeichnet den Platz der Königinmutter, die man auf der Zeichnung deutlich sich herauslehnen sieht.

Ähnliche Tribünenbauten wurden auch bei Triumphzügen aufgestellt. So enthält eine Beschreibung der Feierlichkeiten, die anläßlich des Einzugs Heinrichs II und Katharinas von Medici 1551 in Rouen abgehalten wurden (13), einen Holzschnitt, der mit "l'arc triomphal du Roy" überschrieben ist und einen solchen Bau darstellt: die von einer Brüstung umschlossene Arkadenhalle steht auf einem Sockel erhöht;

in der Mitte öffnet sich der Bau in einem Fornix-Durchgang; auf beiden Seiten vermitteln Treppen mit der Straßenebene. Wie im Text erläutert wird, war dies die Loge des Königs, von der aus er den Zug verfolgen konnte und in der ihm die Repräsentanten der Stadt huldigten (14). Der Zug ging durch die Triumphpfortenöffnung, deren Gewände ebenfalls von Arkaden durchbrochen ist. Diese eigentümliche Verbindung von Triumphbogen und Zuschauertribüne ist auf der Zeichnung Antoine Carons ebenfalls gegeben: verfolgt man den Architrav des Arkadenbaus nach links, so sieht man, daß durch die Öffnung des gesockelten Pavillons hindurch als Fortsetzung des Tribünenbaus ein Fornix-Bogen erscheint.

Diese beiden Beispiele ephemerer Festarchitektur lassen den Schluß zu, daß wir es bei den Arkadengängen der Tuilerienfronten ebenfalls mit Zuschauertribünen zu tun haben müssen. Sie sind als die von Vitruv erwähnten, außen gelegenen Portiken der Palaestra identifizierbar und stehen damit in Analogie zu den offenen Langseiten der Palaestra-Rekonstruktion Cesarianos.

Daraus muß geschlossen werden, daß die Schloßvorplätze die Funktion freier Bahnen für Turnierspiele und Pferderennen erfüllen sollten. Für die Gartenseite läßt der Ducerceausche Grundriß der Gesamtanlage, gestützt durch die zuverlässigen Stadtpläne aus dem Beginn des 17. Jhdts und den Stich Israel Sylvestres, der den Schloßvorplatz mit Blick auf den Marstall in starker Verkürzung wiedergibt (Veue et Perspective des Tuileries et de la grande Escurie) (15), eine solche Vermutung als sehr wahrscheinlich erscheinen. Die Tuilerien besaßen ursprünglich keinen direkten Zugang zum Garten. Dieser wurde erst in der Zeit Ludwigs XIV geschaffen. Im 16. Jhdt und in der ersten Hälfte des 17. Jhdts war der Garten auf der Seite des Palastes durch eine erdgeschoßhohe Mauer abgeschlossen, die nördlich der Hauptallee einen Knick bildete. Zwischen der Schloßfront und dieser Gartenmauer zog sich vom Seine-Ufer bis zu den Marstallgebäuden eine platzähnliche Straße hin, die sich für ritterliche Kampfspiele eignete.

Die Trennung von Schloß und Garten und die Anlage eines Turnierfeldes vor dem Schloß sind spätmittelalterliche Reminiszenzen. Franz I hatte um 1530 an der Südfront des alten Louvre, nachdem der Haupteingang an die Ostseite verlegt worden war, einen Turnierplatz anlegen lassen, der sich zu den Schloßgebäuden ähnlich verhielt: von den Fenstern des Wohnflügels aus konnte man die Kampfspiele verfolgen.

Der Umbau des Louvre prägte der alten Königsresidenz einen neuen Charakter auf; der neue Bau eignete sich für ritterliche Schauspiele nicht mehr. Der Tuilerienentwurf in seiner Eigenschaft als Palaestrapalast kann als ein monumentaler Ersatzbau für diese bestimmte, aus dem Louvre verbannte Seite des Hoflebens verstanden werden. Darin drück sich zugleich die Polarität und die Zusammengehörigkeit beider Schloßbauten aus.

Diese ihre ursprüngliche Bestimmung haben die Tuilerien nie ganz verloren. Unter Ludwig XIV wurden auf der Hofseite Reiterspiele veranstaltet. Beim berühmten Carrousel von 1662 wurden der Schloßfront, die nach hinten ja keine Arkadengänge und keine Terrassen besitzt, Tribünenaufbauten und Logen hinzugefügt, von denen aus die hochstehenden Personen des Hofes das Schauspiel verfolgen konnten, das sich in einer eigens angelegten Arena darbot.

Es ist noch darauf hinzuweisen, daß der Tuilerienbau mit Nachdruck als "Palais" bezeichnet wurde. Darin werden das gänzlich Neue der Konzeption betont und die Unvereinbarkeit der Anlage mit den üblichen Formen des "Chateau" zum Ausdruck gebracht.

b) <u>Die ovalen Säle</u>

Auf den ersten Blick scheint es sich bei den ovalen Sälen des Tuilerienentwurfs eindeutig um überwölbte Amphitheater zu handeln, in denen die bei Hofe beliebten Wagenzüge mythologisch-allegorischen Inhalts bequem hätten abrollen können. Zweifel stellen sich erst angesichts der großen, in den Langseitenmitten sitzenden Einfahrtstore ein, die in den Stufenangaben Unstimmigkeiten aufweisen und so dicht auf die Brüstungsmauer der Xystos-Nebenhöfe münden, daß für ein Wenden der einfahrenden Wagen kein Platz gelassen ist. Als Erklärung für diese Eigentümlichkeit könnte man anführen, daß der Grundriß Ducerceaus eine lapidare Angabe von Hauptzügen darstellt, die auf Einzelheiten der Raumverbindungen keine Rücksicht nimmt, und daß diese Stellen in Wahrheit anders gestaltet sein sollten. Niveaugleichheit der tiefer liegenden Spielflächen von Nebenhöfen und ovalen Sälen würde beispielsweise eine durchgehende Kommunikation ermöglichen. Überzeugen kann eine solche Lösung allerdings nicht, denn sie nimmt den Ovalbauten ihre Selbständigkeit und entstellt das Triumphbogenmotiv der Einfahrtstore. Seltsam berühren außerdem die verhältnismäßig bescheidenen Abmessungen dieser ovalen Säle, die angesichts der Kolossalität der antiken Amphitheater eine Sinnwidrigkeit bedeuten. Vergleicht man die 2o x 35 Meter ihrer Arena mit den 81 x 1o5 Metern derjenigen des großen Xystos-Hofes, so muß man dem Hof, trotz rechteckigem Grundriß, den Amphitheatercharakter zu-, den ovalen Sälen hingegen absprechen. Entkleidet man die ovalen Säle ihres Amphitheatersinns, so mögen sie innerhalb des streng nach rechten Winkeln durchkomponierten Grundrisses als Fremdkörper erscheinen; man darf aber nicht vergessen, daß im 16. Jhdt das Oval eine moderne Form war, und Delorme ist durchaus als ein Architekt bekannt, der sich um Modernität bemühte, was nicht selten auf Kosten der Gefälligkeit in der Gesamterscheinung seiner Schöpfungen ging.

In der Architekturtheorie lassen sich zwei Anschauungen unterscheiden. Der einen ist das Oval als "unregelmäßige" Form unbequem, und sie versucht, es zu unterdrücken. Die andere registriert es als Grundrißfigur des Amphitheaters, nimmt es auf und wendet es vielfältig an (16). Der Initiator der ersten Gruppe dürfte Alberti sein, der im Anschluß an Vitruv im Amphitheater die Koppelung zweier, einfacher Theater sieht, damit stillschweigend die Ellipse als Bastard erklärt und ihr den Kreis ablistet. Das runde Amphitheater macht Schule und bleibt auch in den Vitruvausgaben des Fra Giocondo und Barbaro bestehen. Giuliano da Sangallo hingegen gibt dem Kolosseum im Barberinischen Codex und im Codex Coner seine elliptische Form. Nach ihm ist es vor allem Peruzzi, der eine Vorliebe für das Oval bekundet und den elliptischen Grundriß vielfach und nicht selten verselbständigt, vom Amphitheatersinn befreit, anwendet. Man fand auch bald an wesentlichen Stellen des menschlichen Körperbaus ovale Umrisse, und damit war die Kanonisation der elliptischen Figur bereits erfolgt. In seinem Traktat von 1585 schreibt G.P. Lomazzo: "Ebenso leiteten die Alten aus der Kontur des menschlichen Schädels und aus dem Umriß der Hand, die beide verschiedene Ovalfigurationen bilden, oder auch aus jener Linie, die durch Kehle, Schambein und den mittleren Durchmesser des Körpers bezeichnet wird und gleichfalls ein Oval bildet, die Form ihrer Theater ab, wie man am Kolosseum des Titus, an der Arena von Verona, am Theater von Pola und am Hof des Bacchus-Tempels bemerken kann" (17). Diese Stelle ist nicht nur aufgrund ihrer theoretischen Ehrenrettung der Ovalform von Bedeutung, sondern auch, weil sie den architektonischen Inhalt des elliptischen Grundrisses angibt: oval sind das Amphitheater und der Tempelvorhof. Eine Rekonstruktion des Vorhofs des Bacchus-Tempels (S. Constanza) gibt Serlio in seinem dritten Buch (S. 58). Der Grundriß zeigt eine stark proportionierte Umfassungsmauer in der Form eines langgestreckten Ovals, die in der Mitte der Langseiten Durchbrechungen aufweist: auf der einen Seite eine einfache Öffnung, die von außen in den Hof führt, ihr gegenüber, auf der anderen Seite, eine Vorhalle mit vier Säulen als Eingang zum Tempelrundbau. Die Umfassungsmauer ist innen ausgenischt, wobei die Nischen als mit Ädikula-Umrahmung versehen vorzustellen sind, wie es die kleinen Zwischensäulchen nahelegen; ihr ist weiter ein konzentrischer Säulenkranz vorgesetzt, so daß der Hof basilikalen Querschnitt erhält: die Umgänge (Seitenschiffe) sind gedeckt, der Hauptraum (das Mittelschiff) ist offen. Im Gegensatz zum Amphitheater, dessen Außenhaut als Träger der Architekturgliederung fungiert, gilt beim Tempelvorhof die gliedernde Ausgestaltung dem Innenraum, während sich die Außenmauer dem Interesse entzieht.

Abb. 18

Dieses Vorhof-Oval scheint sich als Typus durchgesetzt zu haben, denn gegen Ende des Jahrhunderts taucht der Gedanke auf, der Peterskirche Michelangelos einen gewaltigen Vorhof auf ovalem Grundriß vorzulegen. Der Entwurf, der Ottavio Mascherino zugeschrieben wird (18), zeigt das Oval in Längsrichtung dem Kuppelbau angefügt, einen

Langhauskörper vortäuschend und die große Portikus-Front um seine Länge nach Osten versetzend. Mit dem einzigen Unterschied, daß seine Lage zum Hauptbau um 9o° verschoben ist, erscheint Mascherinos Oval als mit dem cortile baccanario des Serlio kongruent: die Umfassungsmauer ist innen in flachen Nischen gegliedert, ein konzentrischer Säulenkranz unterteilt den Bau in gedeckten Umgang und offenen Binnenraum und, was besonders auffällig ist, es befinden sich in den Langseitenmitten, einander gegenüberliegend, breite Öffnungen, die eine zur Hauptrichtung quer gezogene Achse bestimmen. Während der Tempelvorhof des Serlio auf eine einzige Achse bezogen war, ist für das S. Petersprojekt die Achsenkreuzung maßgebend.

Die ovalen Säle der Tuilerien haben mit den Tempelvorhöfen Gemeinsamkeiten. Ihre Fensterpfeiler entsenden Säulenpaare radial in den Raum hinein, deren Interkolumnien so schmal sind, daß man im Ungewissen darüber bleibt, ob an einen konzentrischen Umgang zwischen den Säulen gedacht ist. Viel wahrscheinlicher ist hier eine nischenartige Kompartimentierung angestrebt, die, hält man an der Ähnlichkeit mit den Tempelvorhöfen fest, als eine Verschmelzung der Wandnischen mit dem Säulenkranz erscheint. Der basilikale Querschnitt bleibt aber erhalten. In Analogie zum Projekt für S. Peter herrscht in den ovalen Sälen der Tuilerien die Achsenkreuzung: die Triumphbogenportale in den Langseitenmitten bestimmen die kurze Achse, während in der langen Achse die Apsiden mit ihren Öffnungen sitzen.

Nimmt man an, daß sich Delorme für die Gestaltung seiner ovalen Säle am Tempelvorhof orientiert, so würde er dabei im kleinen nach demselben Prinzip verfahren, wie bei der Übernahme des fünfhöfigen Schemas: er greift eine durch die Architekturtheorie sanktionierte, von Vitruv und der Antike abgeleitete Bauform auf und verwendet sie in einem anderen, ihrem ursprünglichen Sinn entfremdeten Zusammenhang.

Das Oval ist aber auch eine rein geometrische Form, die unabhängig von antikischen Rückbezügen für Grundrißbildungen benutzt wird. In welchen Zusammenhängen dies geschieht, zeigen zwei Häuser in Serlios 7. Buch, die einen ovalen Hof besitzen. Auf S. 31 ist der Grundriß eines Stadtpalastes gegeben, bei dem einfache Raumfluchten im Geviert angeordnet sind und den elliptischen Binnenhof umschließen, wobei kleine, unregelmäßig verteilte Zimmer die Zwickel ausfüllen. Der Hof besitzt glatte Wände ohne Arkadendurchbrechungen. Die im Grundriß erscheinenden Mauervorsprünge bezeichnen Konsolen, die einen im Obergeschoß umlaufenden Balkon tragen. Nach demselben Schema ist der Grundriß einer Villa auf S. 231 gezeichnet, die vom Stadtpalast nur durch eine offene Loggia an einer der schmalen Außenseiten und durch einen Pfeilerarkadengang innerhalb des ovalen Hofes unterschieden ist. Beide Grundrisse heben sich von zahllosen anderen desselben Typus nur durch die ovale Form des Hofes ab, der in allen

Beispielen des 7. Buches viereckig erscheint, aber auch, wie der
königliche Palast des 6. Buches beweist, rund und polygonal gestaltet
werden kann.

Die Vermutung, daß die Ellipse geometrisch als mit Kreis und Vieleck verwandt angesehen wurde und im Grundrißentwurf mit ihnen vertauschbar war, findet sich beim Vergleich des ovalen mit dem oktogonalen Tempel in Serlios 5. Buch bestätigt. Der oktogonale Tempel
(Fol. 2o7 - 2o9) besitzt innen, auf allen acht Seiten, zwischen den
geknickten Pilastern, gleich breite Arkadenöffnungen. Trotz dieser
Gleichmäßigkeit in der Wandgliederung sind die Anräume achsengerecht voneinander unterschieden. So befinden sich in den Diagonalen
apsidenartige, mit Halbkuppeln überwölbte Nischen, während die zunächst an der Lage von Eingang und Altar herauslesbaren Hauptachsen
durch tonnengedeckte, im Grundriß als oblonge Rechtecke erscheinende Kapellen ausgezeichnet sind. Die Überordnung der Tonnenkapellen
spricht sich auch in dem Serliana-Motiv ihrer Fenster aus. Hält man
daneben den ovalen Tempel (Fol. 2o4 v und 2o5 r), so wird sofort deutlich, daß es sich bei ihm um eine Variante des Oktogons handelt. Die
Wand ist durch eine Pilasterordnung in rhythmischer Abfolge gegliedert.
In den Diagonalen und in der langen Achse öffnen sich die breiten
Travéen in einfachen Arkaden, in der kurzen Achse in Serliana-Motiven, um die gedehnten Interkolumnien zu überbrücken. In den Diagonalen sitzen halbkuppelüberwölbte Nischen, in den Hauptachsen tonnengedeckte Kapellen. Hinter der mit dem Wesen des Ovals zusammenhängenden, unregelmäßigen, von derjenigen des Oktogons unterschiedenen Wandgliederung steckt also dieselbe Hierarchie der Anräume,
wie beim Tempel auf gleichmäßig vieleckigem Grundriß. Nischen,
Tonnenkapellen und das Serliana-Motiv sind hierfür die sicheren Anhaltspunkte.

Diese Verwandtschaft zwischen Oval und Oktogon und die Vertauschbarkeit beider Formen führen zu einem Vergleich, aus dem sich
eine zumindest mögliche Erklärung der Funktion der Tuilerienovale
gewinnen läßt. Im Traum des Poliphils kommt die genaue Beschreibung eines Badehauses vor: "Daraufhin kamen wir zu den Bädern, die
ein wunderbares Gebäude waren. Es war ein oktogonaler Bau, das
heißt mit acht Winkeln oder Wandfeldern, an dessen Außenseiten je
zwei Pfeiler auf einem gleichen Piedestal standen, das in Fußbodenhöhe begann und die ganze Anlage umgab. Diese Pfeiler ragten um
ein Drittel ihrer Breite aus der Mauer heraus und waren mit schönen
Kapitellen geschmückt, über denen der Architrav, der Fries und das
Gesims lagen. Im Fries waren kleine, nackte Kinder gemeißelt, die
Schnüre festhielten, von denen schöne Festons herunterhingen, das
sind Blattzöpfe. Auf dem Gesims ruhte die Decke, die ein rundes
Klostergewölbe war, nach der oktogonalen Form gemacht, damit es

Abb. 52   dem übrigen Gebäude angepaßt war. Dessen Kappen waren licht durchbrochen, nach Rankenmustern verschiedener Erfindung... Im Innern

55

war dieses Gebäude auch oktogonal, rings herum mit Sitzen in Form von vier Stufen aus Jaspis und Marmor versehen. Die beiden unteren Stufen waren von lauem Wasser bedeckt, das bis an den Rand der dritten Stufe reichte. In jeder der acht Ecken befand sich eine vollrunde, korinthische Säule aus Jaspis, mit allen möglichen Farben gemischt. Diese Säulen standen auf der vierten Stufe, die ihnen als Piedestal diente." (19)

Die Übersetzung dieses Badehauses, das zum Palast der Königin Eleutherilida gehört, aus dem Oktogon ins Oval ergibt ein Gebilde, das seiner Gestalt nach den ovalen Sälen der Tuilerien sehr nahe kommt. Als Hauptmerkmale fungieren die abgetreppte Vertiefung und die der Wand vorgesetzten Säulen, die den Innraum bestimmen.

Im Tuilerienplan nach Bädern zu suchen, ist insofern legitim, als sie einen festen Bestandteil des Palaestra-Palastes darstellen. Schon Alberti erwähnt sie (2o); Cesariano führt sie in seinem Kommentar zur Palaestra auf (21), Rabelais ebenfalls in seiner Beschreibung zur Abtei Thélème (22). Als solche kommen nur die ovalen Säle in Frage, und der Vergleich mit dem Badehaus aus Poliphils Traum macht diese Zweckbestimmung umso wahrscheinlicher, als die Hypnerotomachia in architektonischen Belangen einen nicht unbedeutenden Einfluß ausübte. Wie ernst dieses Werk genommen wurde, bezeugt die Tatsache, daß Jean Martin es ungefähr zur selben Zeit ins Französische übersetzte, wie den Vitruv, und daß so berühmte Künstler wie Jean Goujon und Jean Cousin seine Holzschnittillustrierung besorgten. Dabei ist bemerkenswert, daß die französische Ausgabe ausführliche Abbildungen vom Außenbau und vom Innenraum des Badehauses enthält, während die italienische Fassung diese Episode keiner bildlichen Dokumentierung für würdig befunden hatte. Es besteht zwischen dem Badehaus der Königin Eleutherilida und den ovalen Sälen der Katharina von Medici allerdings ein wesentlicher Unterschied: während das oktogonale Badehaus massive Mauern besitzt und sein Licht durch das offene Gewölbe erhält, sind die Tuilerienovale allseits durchfenstert. Man kann sich aber vorstellen, daß diese Fenster, ähnlich den Türflügeln des Oktogons, mit buntem Kristall besetzt sein sollten, damit im Innern gebrochenes Licht herrsche (23). Zu sagen ist noch, daß auf der Kavaliersperspektive Ducerceaus die Gewölbe der ovalen Säle nicht geschlossen zu sein, sondern breite Öffnungen aufzuweisen scheinen, was sich mit Vitruvs Anweisung decken würde, das Badebecken unter der Lichtöffnung anzulegen (V,X).

Bäder wurden mit Vorliebe auf zentralem Grundriß angelegt und innen mit dem Nischenmotiv versehen. Im zweiten Band der "Plus excellents bastiments de France" gibt Ducerceau Grundriß und Schnitt des Dampfbades von Schloß Dampierre an. Es ist ein kleiner Raum in Form einer Rotunde, das in den Hauptachsen tief ausgenischt ist, während in den Diagonalen je zwei Säulen auf einem Piedestal stehen, die eine kleinere

Nische zwischen sich nehmen. Die großen Nischen enthalten Sitzbänke.

Abb. 19

Delorme selbst hat seinem Architekturtraktat zwei Holzschnitte einer großen Rotunde beigegeben, die als ein Badehaus angesehen werden muß. Die Abbildungen sind nicht erläutert und waren möglicherweise für den geplanten zweiten Band des Architekturwerkes vorgesehen. Sie bilden mit weiteren Bildern zusammen eine heterogene Gruppe, die mit der lapidaren Aufschrift versehen ist: "diese Figuren sind nach dem achten Buch anzubringen" (24). Der Schnitt zeigt einen überkuppelten Raum auf kreisrundem Grundriß, der in den Hauptachsen und in den Diagonalen gleichmäßig ausgenischt ist. Er besitzt in der Schnittebene eine Richtungsachse, die von der Vorhalle rechts in einen apsidenähnlichen Raum links führt. Sowohl der Hauptraum als auch der Apsidenraum besitzen abgestufte Vertiefungen mit Treppenzugängen, die nichts anderes als Badebecken sein können.

Die Bäder als fester Bestandteil der Palaestra konnten mit einer alten Tradition in Zusammenhang gebracht werden: in spätgotischer Zeit gehörte in Frankreich das Badehaus zum fürstlichen Schloßgarten. Berühmt war das Badehaus von Chateauneuf sur Loire, das durch einen Stich des 17. Jhdts bekannt ist (25). Noch im 16. Jhdt wurden solche, der Tradition verpflichtete Badehäuser erbaut. Eines der aufwendigsten dürfte desjenige von Anet gewesen sein, das an der Hinterseite des Gartens lag; es sprang in den Wassergraben vor, der sich an dieser Stelle zu einem Becken ausweitete; vom Badegebäude führten Treppenstufen in das offene Schwimmbassin hinunter (26).

Man wird allerdings kaum annehmen dürfen, daß beide Ovale Badehäuser sein sollten. Bei der großen Ausdehnung dieser Säle hätte ein einziger solcher Raum an Monumentalität alles Dagewesene bereits übertroffen. Schaut man sich nach einer möglichen Bestimmung für das zweite Oval um, so stößt man auf ein dem Badehaus verwandtes Gebilde, das für die Tuilerien belegt ist, um das aber einige Unsicherheit herrscht: die Grotte. Es existiert davon eine Beschreibung in Form eines fingierten Zwiegesprächs (27): "Antwort: Wenn es der Königin gefiele, bei mir eine Grotte zu bestellen, so würde ich sie in der Form der großen Höhle eines Felsens machen; damit die Grotte angenehm sei, würde ich sie aber mit den folgenden Dingen verzieren: Zuerst wollte ich auf der Innenseite der Eingangstüre verschiedene Figuren von Hermen machen, welche, auf Piedestale gesetzt, als Säulen dienen sollten; über den Köpfen dieser Hermen wären bestimmte Architrave, Friese und Gesimse, Giebel und Frontispize, das Ganze nach solcher Erfindung skulpiert, wie ich es Ihnen später erläutern werde; und auf beiden Seiten, der Wand entlang, rechts und links, möchte ich, daß alles mit Nischen versehen sei, die manche Kehlungen nennen, welche Nischen oder Kehlungen je als ein Sitz dienen sollten; zwischen diesen Nischen würden ein Pilaster und eine Säule stehen, die je zwei Nischen voneinander trennen; auch sollte unter jede Säule ein Piedestal sein nach der Ordnung der Alten, das Ganze in der Weise bereichert, die ich Ihnen später beschreiben werde. Und was den Giebel angeht, der am anderen Ende der Grotte zu stehen käme, so wollte ich ihn mit mehreren Hermen bereichern, welche auf einem Felsen stünden, der die ganze Breite der Grotte einnehmen und so hoch sein würde, wie ein Mann mit ausgestrecktem Arm reichen kann, aus welchem Felsen mehrere Wasserstrahlen heraussspritzten nach der Art, wie ich es später sagen werde; und über den Köpfen der Hermen lägen Architrav, Fries und Gesims, die ganz um die Grotte herum laufen würden, und über dem Gesims wäre rings herum eine große Anzahl Fenster, die bis zu einem Fuß Entfernung vom Gewölbeanfang reichen würden, welche Fenster sehr merkwürdig aussähen, wie Sie es später hören werden. So werde ich Ihnen nachher eine Beschreibung des Gewölbes geben; aber zuerst sollen Sie vom Reichtum und der Schönheit der Dinge hören, die ich bis hierher aufgezählt habe.

Von der Schönheit und der Verzierung der Grotte.
Merken Sie sich, daß der große Felsen, der dem Portal gegenüber läge, mit einer unendlichen Anzahl Erhebungen und Vertiefungen versehen sein würde, welche Erhebungen und Vertiefungen mit Moos und verschiedenen Arten von Gräsern bereichert wären, die auf Felsen und an feuchten Orten zu wachsen pflegen, als da sind Eskolopander, Adienton, Politricon, Capillis Veneris und andere Grasarten, die man als angemessen ansehen wird; im oberen Drittel des Felsens wollte ich mehrere Eidechsen, Schlangen und Nattern legen, die auf dem Felsen kriechen, und die anderen Teile des Felsens wären verziert und bereichert mit einer unendlichen Menge von Fröschen, Krebsen, Hummern, Schildkröten und Meerestieren und auch mit allen Arten von Muscheln; auch würden auf den Erhebungen und Vertiefungen bestimmte Schlangen, Nattern und Vipern liegen, zusammengerollt, wie es die Natur lehrt, und unten am Felsen, in der ganzen Breite der Grotte, wäre ein Becken, welches Becken ganz mit allen Arten von Fischen gefüllt wäre, die bei uns vorkommen, welche Fische gewöhnlich von einer unendlichen Anzahl Wasserstrahlen, die vom Felsen in das Becken fielen, bedeckt sein würden, so, daß die fallenden Wasserstrahlen das Wasser des Beckens in Bewegung setzten und man wegen der Blendungen und der Wellen im Wasser für Augenblicke die Fische aus dem Blick verlieren würde und meinen müßte, die Fische bewegten sich und schwämmen in dem Wasser; denn man muß wissen, daß alle beschriebenen Dinge in solcher Naturtreue skulpiert und emailliert wären, daß es unsagbar ist. Und was die Hermen betrifft, die auf dem Wasserfelsen stünden, so wäre die eine wie eine alte, von der Luft zerfressene oder vom Frost zersprengte Statue, um ein hohes Alter vorzutäuschen ... Und was die Nischen, Säulen, Piedestale und Pilaster betrifft, so wollte ich sie aus verschiedenfarbigen, seltenen Steinen machen, wie Porphyr, Jaspis, Kalkstein, ver-

schiedene Sorten Achat und Marmor, und dabei die schönsten Naturerscheinungen nachahmen, die man sich vorstellen kann. Und was die beiden Felder betrifft, die rechts und links der Eingangstüre sind, so würde ich dort, wenn es der Königin Mutter gefiele, bestimmte Figuren nach der Natur machen und die Natur so weit nachahmen, daß auch die kleinsten Haare des Bartes und der Brauen beachtet wären, so, wie sie in der Natur sind. Und was die Fenster betrifft, die rings herum wären, so wären sie von einer ungeheuerlichen Erfindung und einer unsagbaren Schönheit; denn ich würde sie sehr lang machen, schmal und schräg, ohne eine einzige gerade Linie darin; sie wären so gestaltet, als sei ein Felsen gespaltet worden, damit ein Mann hindurchgehen kann, so, daß die Fenster schräg, verbogen, bucklig und verbildet sein würden; und dennoch wären sie verziert, skulpiert, gemasert und marmoriert und mit allen Schönheiten versehen, die beschrieben wurden. Und was die Gewölbe betrifft, so wären sie verbogen, bucklig und mit ähnlicher Verzierung bereichert; und so, wie man sieht, daß in alten Gemäuern Tauben, Krähen, Schwalben, Marder und Wiesel nisten, so wollte ich auch solche Tiere an den Gewölben meisseln. Und was die untere Pflasterung betrifft, so möchte ich sie nach einer ganz neuen Erfindung machen, nicht weniger bewunderungswürdig, als alles Andere. Weil es auch einen Tisch aus demselben Stoff geben würde, wollte ich auch eine Anrichte mit ähnlicher Verzierung machen, die ich in die Nähe der Brunnen setzen würde.

Frage: Und wenn Sie ein solches Gebäude an einem Ort errichten wollten, wo es kein Wasser gibt, was würden Ihnen Ihre Brunnen nützen?

Antwort: Sie könnten Einiges nützen, denn, wollte man an diesem Ort schmausen, so könnte man während des Festessens die Brunnen spritzen lassen mit einer bestimmten Menge Wasser, das man in einem Behälter außerhalb der Grotte speichern würde".

Mit ihren nischenbesetzten Seitenwänden besitzt diese Grotte in ihrer Grundform Ähnlichkeit mit einem Badehaus und ließe sich dem Tuilerienoval einfügen.

In einem Rechnungsartikel des Jahres 157o, (28) der den Bau der Grotte betrifft, ist von vier Brücken die Rede. Schon A. de Montaiglon (29), der eine Zeichnung aus der Collection Destailleurs, die sich jetzt in Berlin befindet, mit der Grotte der Tuilerien in Einklang zu bringen versuchte, rekonstruierte aus dieser Angabe eine die Mitte des Grottenraumes einnehmende Insel. Louis Dimier (3o) hat diese Version verworfen, einen Schreibfehler im Rechnungsartikel angenommen und die Brücken verschwinden lassen. So einleuchtend seine Argumentation auch ist, es fällt doch auf, daß das Motiv der über vier Brücken erreichbaren, runden Insel seit dem 16. Jhdt in der Gartenkunst überaus häufig ist. Es ist beispielsweise in der Brunnenanlage der Villa Lante bei Viterbo angewandt. In Frankreich kommt es in Dampierre und Verneuil vor; unter Heinrich IV wird nach diesem Inselmotiv die unterste Terrasse des Neuen Schlosses von St Germain en Laye gestaltet. In den Gärten von Versailles tauchen in der Zeit Ludwigs XIV Freiräume auf, die dieses Inselmotiv besitzen; sie sind darüber hinaus auf ovalem Grundriß entworfen, weisen zum Teil Grottenkennzeichen auf und dienen als Bankett- oder Tanzräume festlichen Zwecken; darin bekräftigen sie rückwirkend die Möglichkeit einer den Tafelfreuden gewidmeten Grottenrotunde mit einer mittleren Insel innerhalb der Tuilerienanlage. So bestand die "salle des festins" in Versailles in einem Bosquet von annähernd ovaler Form mit ausgenischten Seiten, in dessen Mitte sich eine von einem Wassergraben umgebene Insel befand; diese war über Brücken zugänglich und von Wasserstrahlen umgeben (31). Mit dem Tuilerienoval sehr nah verwandt erscheint die "salle de bal" (32): das Oval ihrer Grundfläche ist von Stufenaufbauten umgeben; an der einen Schmalseite fällt das Wasser über Kaskaden in ein Becken; die Mitte nimmt eine von einem Wassergraben umgebene und über vier Brücken erreichbare Insel.

Daß Delorme sich mit Grottenarchitekturen beschäftigt hat, beweist ein Holzschnitt aus der Gruppe der nicht erläuterten Illustrationen, die nach dem achten Buch angebracht sind. Er stellt eine in ihrer Außengestalt als Grotte behandelte Rotunde dar, die von Wasser umgeben und damit eigenartigerweise mit dem Inselmotiv verbunden ist. Ihre Umfassungswände sind in Ziegel ausgeführt; nach den Hauptrichtungen sind ihr Portalbauten aus grober Rustika-Quaderung vorgestellt, von denen zwei einander gegenüberliegende durch Turmaufsätze ausgezeichnet sind; das Erdgeschoß trägt einen mit ovalen Öffnungen versehenen Kuppeltambour, dessen Verstärkungspfeiler aus unbehauenen Quadern bestehen; die Kuppelwölbung erscheint als Felsmassiv, mit jenen "Erhebungen und Vertiefungen", von denen die zitierte Grottenbeschreibung berichtet, daß sie mit Moos und verschiedenen Grasarten bereichert sei.

III. DER AUFRISS

a) Die Zeichnungen

Die für die Fassadengliederung der Tuilerien maßgebenden Zeichnungen Ducerceaus sind verschieden zu werten.

Abb. 3

Die drei Aufrißzeichnungen (BM 82, 83, 84) stellen Bauaufnahmen dar und geben den mittleren Gartenflügel wieder, wie dieser um das Jahr 1570 gestanden haben muß. Auf dem ersten Blatt (BM 82) sind die Garten- und die Hoffront, achsengerecht untereinander gesetzt, in ihrer ganzen Länge gezeigt; diese umfaßt für die Gartenseite den Abstand zwischen den inneren Pavillons, für die Hofseite jenen zwischen den Ansatzstellen der inneren Verbindungsarme. Die beiden anderen Blätter sind Detailaufnahmen, auf denen die vordere und die rückwärtige Fassadenarchitektur des Flügels festgehalten ist: die

Abb. 4

Zeichnung der Gartenseite (BM 84) faßt das Mittelportal, das von jeweils zweieinhalb Achsen umrahmt ist; auf der Zeichnung der Hof-

Abb. 5

seite (BM 83) steht das Mittelportal exzentrisch und wird von fünf Achsen links und nur einer Achse rechts begleitet; dieser unsymmetrische Aufbau hat den Zweck, die rhythmischen Unregelmäßigkeiten in der Gliederung der Hoffront zu verdeutlichen.

Die Zeichnungen des Ducerceau zeigen die in massivem Mauerwerk aufgeführten Teile, nicht aber die Dachformen. Dies ist darauf zurückzuführen, daß zu dem Zeitpunkt seiner zeichnerischen Aufnahme des Baubestandes der Dachstuhl nicht aufgesetzt war. Gleichermaßen fehlt jegliche Angabe des Obergeschosses über dem Mittelportal, was bedeutet, daß der Treppenhauspavillon nicht aufgemauert war. Dies deckt sich mit den Angaben Sauvals, der in seinem Kapitel über die Tuilerientreppe schreibt (1): "Delorme starb, bevor er sie (die Treppe) vollenden konnte; nach seinem Tode wagte es kein Architekt und kein Geometer aus dem Königreich, sie weiterzuführen. Der Maurermeister Boullet rühmte sich als Einziger, den Riß des Verstorbenen gefunden zu haben; daraufhin übertrug ihm Heinrich IV die Leitung der Arbeiten, und er tat nichts weiter, als dieses Wunder des Steinschnitts ohne Eleganz zu einem Ende zu bringen." Daraus muß geschlossen werden, daß der Kuppelaufbau, der im 17. Jhdt den Treppenhauspavillon in der Form bekrönte, die uns aus den Stichen Israel Sylvestres und Marots bekannt ist, nicht auf den Entwurf Delormes zurückgeht, sondern einen Bestandteil der Umbauarbeiten unter Heinrich IV darstellt. Der mittlere Gartenflügel der Tuilerien hat bis in die 90-er Jahre des 16. Jhdts hinein als der Torso bestanden, den Ducerceau überliefert: ohne Treppenhaus und ohne ausgebautes Dachgeschoß. Die Räume des Obergeschosses wurden aller Wahrscheinlichkeit nach erst unter Heinrich IV eingerichtet; Sauval berichtet nämlich, daß sie von Bunel ausgemalt waren, der sich als Hofmaler des ersten Bourbonen neben Toussaint Dubreuil auch an der Dekoration der kleinen Galerie beteiligte (2).

Ducerceaus Aufrißzeichnungen zeigen nichts vom südlichen, inneren Pavillon, dem sogenannten Bullant-Pavillon, an dem zwischen 1570 und 1572 gebaut wurde, dessen Fassadenarchitektur aber in eine spätere Zeit weist und für dessen Vollendung die Zeit Heinrichs IV angenommen wird.

Abb. 6/7 Besitzen die Aufrißzeichnungen als Bauaufnahmen ein hohes Maß an Glaubwürdigkeit, so sind die beiden Schaubilder (BM 8o und 81) vergleichsweise frei gehalten. Sie sind in das Stichwerk auch nicht hereingenommen. Beiden Zeichnungen ist ein Grundriß in entsprechender perspektivischer Sicht beigegeben: der Kavaliersperspektive, die im Vordergrund den Stadtflügel zeigt, in genauer Ausführung und der Zentralperspektive, die vom Garten aus genommen ist, in einer schematischen, durchschraffierten Angabe der Grundflächen.

Die auffälligste Abweichung vom Grundriß des Palastes und vom Grundriß der Gesamtanlage besteht in einem Graben, der auf den Schaubildern das ganze Schloß umgibt; dieses steht auf ihnen nicht, wie es die Grundrisse suggerieren, ebenerdig, sondern auf einer hohen, geböschten Grabenmauer und ist in den Hauptachsen über vier Brücken zugänglich gemacht.

Die Grundrisse des Ducerceau und die Bildquellen des frühen 17. Jhdts bezeugen, daß die Tuilerien-Anlage nicht von Gräben eingefaßt werden sollte; ihre Interpretation als Palaestra-Palast läßt eine solche Gestaltung auch sinnlos erscheinen, und man hat darin eine Phantasie des Zeichners zu erblicken.

Es fällt weiterhin auf, daß die perspektivischen Zeichnungen an der Anlage, wie sie sich nicht nur im großen Grundriß, sondern auch im Baubestand darbietet, Veränderungen vornehmen: so wird die Differenzierung in einen Eingangsflügel mit breitem Portal und einen Hauptflügel mit mittlerem Treppenhaus aufgehoben; das Portal der Stadtseite wird auf die Gartenseite übertragen und das Treppenhaus der Gartenseite, das zum festen Baubestand gehört, wird unterdrückt. Dadurch erlischt die Hauptrichtung, die Palastanlage wird indifferent gemacht und im Bezug auf die lange Achse symmetrisiert. Dies geschieht nicht nur in den Flügelmittelbauten, sondern auch in der Inneneinteilung: im Grundriß der Kavaliersperspektive ist die Zimmerverteilung des südlichen Stadtflügels auf den Gartenflügel übertragen: statt der durchgehenden Galerie sind dort in der Verdoppelung die vier Kammern der Stadtseite gesetzt und innerhalb der Zimmerflucht erscheint das entsprechende Treppenhaus.

Von diesen Veränderungen abgesehen wiederholt der Grundriß der Kavaliersperspektive den großen Palastgrundriß ziemlich genau. Das Schaubild ist in Einzelheiten aber nicht mit ihm übereingestimmt: im rückwärtigen Gartenflügel sind die Achsenzahlen und die Fensteranordnungen willkürlich gewählt, außerdem springt der mittlere Portalbau viel zu weit vor. Auch die in der zentralperspektivischen Zeichnung vorgenommenen Veränderungen zielen auf eine Ausgleichung von Stadt- und Gartenflügel: die Gartenfassade hat einen breiten Mittelpavillon erhalten und die inneren Pavillons sind zur Mitte hin gerückt (dies wird im Schaubild deutlich, nicht im schematischen Grundriß, der mit ihm nicht übereingestimmt ist), so daß die Achsenzahl der Arkadenfronten zusammenschrumpft.

Ohne allen Ungereimtheiten in der Detailwiedergabe der Schaubilder nachzugehen, kann man aufgrund der in ihnen bewußt vorgenommenen Veränderungen annehmen, daß sie einen im großen wohl richtigen Eindruck der geplanten Anlage vermitteln, diese aber in einem Zustand zeigen, der eher einem Ideal des Zeichners, als den Vorstellungen des Architekten entspricht. Ein Zug, wie der in den Hof weit vorspringende Mittelpavillon der Kavaliersperspektive, der mit der verzerrten perspektivischen Darstellung des Mittelportals auf dem sonst nach der Parallelprojektion gezeichneten Aufriß der Hofseite in Zusammenhang gebracht werden kann, läßt vermuten, daß die Schaubilder nachträgliche Kompilationen sind.

b) <u>Beschreibung des Tuilerien-Aufrisses</u>

Abb. 3/4 <u>Die Gartenseite:</u>

Der mittlere Gartenflügel besteht aus einem Erd- und einem Dachgeschoß. Er ist auf der Gartenseite, wie es der Grundriß bereits zeigte, beiderseits des Mittelportals im Erdgeschoß um Arkadengänge verdoppelt, die im Obergeschoß Terrassen tragen. Diese Arkadengänge bestehen jeweils aus dreizehn Achsen und sind nach dem Tabularium-Motiv gegliedert: die Pfeilerarkade ist mit einer Pilasterkolonnade verbunden. In beiden Gängen sind je vier Arkadenöffnungen durch ein Vorspringen der Kolonnade auf Vollsäulen, die den Pilastern vorgestellt sind, ausgezeichnet. Dieser Vorsprung erfolgt, vom Mittelportal aus gesehen, in der ersten, fünften, neunten und in der letzten Achse. Zwischen diesen Vorsprüngen verbleiben Gruppen dreier Öffnungen mit flacher Pilastergliederung. Hinter den Arkadengängen erfolgt in der eigentlichen Flügelwand die Durchfensterung rhythmisch: offene und geschlossene Travéen wechseln miteinander ab. Die ersten, unmittelbar am Portalbau anschließenden Travéen beginnen jeweils mit einer Fensteröffnung; aufgrund der ungeraden Achsenzahl enden die Reihen wieder mit einem Fenster. Im Obergeschoß entspricht die Fensterverteilung achsengerecht derjenigen des Erdgeschosses: hochrechteckige Fensterädikulen und querrechteckige, blinde Spiegelädikulen wechseln gleichmäßig miteinander ab. Die Fassadenarchitektur ruht auf einer hohen Postamentzone, die, zweiteilig, aus Sockel und Piedestal zusammengesetzt, die ganze Front durchzieht: die Säulen und Pilaster besitzen eigene, vorgezogene Piedestale; zwischen ihnen befinden sich Brüstungsmauern, auf denen die Arkadenpfeiler ruhen. Der Portalbau der Gartenseite springt um ein Interkolumnium vor die Fassadenflucht vor. Seine Front ist in der Horizontalen dreiteilig gegliedert: beiderseits der Toröffnung sind jeweils zwei Vollsäulen mit gemeinsamem vorgezogenem Piedestal und gemeinsamer Gebälkverkröpfung angebracht, die soweit auseinanderstehen, daß zwischen ihnen je eine Nische und darüber eine Tafel Platz haben. Das die Postamentzone abschließende Gesimsband ist über das Mittelfeld des Portalbaus bis zur Torleibung gezogen. Auf ihm ruhen, wie die Säulen auf ihren Piedestalen, zwei Pfeilerstümpfe, die die Torumrahmung abgeben und den Torbogen tragen, der einem profilierten, geohrten Rechteck eingeschrieben ist. Der Keilstein des Bogens und zwei unmittelbar auf den Rechteckohren ruhende Bossen stützen den das Tor bekrönenden Segmentgiebel, dessen Segment aus drei Voluten besteht. Darüber entwickeln sich aus der Mauer drei Konsolen, die im Gebälk bis zum Zahnschnitt Verkröpfungen bewirken. Die gesamte Front ist in der Horizontalen gleichmäßig gebändert: fünf Bänder durchziehen die Fassade, denen an den Säulen und Pilastern fünf Schaftringe entsprechen. Zwischen den Säulen des Portalbaus ist das oberste Band jeweils weggelassen; das so frei gewordene Feld wird durch eine Tafel eingenommen; zwischen dem ersten und dem vierten Band sind die Nischen eingespannt, über deren Aushöhlungen die Bänder weiterlaufen. Im Mittelfeld des Portalbaus sind nur die zwei untersten Bänder durchgezogen, wobei das zweite die Kämpferhöhe des Tors markiert. In der Arkadenwand bezeichnet das vierte Band die Kämpferlinie der Arkadenöffnungen.

Abb. 3/5   Die Hofseite:

Die Gliederung der eigentlichen Flügelwand, nach der die hinter den Arkadengängen befindliche Mauer behandelt ist, zeigt sich auf der Hofseite.

Aufgrund der höher liegenden Hofebene entfällt auf der Hofseite das hohe Postament. Die Ordnung ist auf eine einfache, niedrige Sockelzone gestellt. Beiderseits des Mittelportals umfaßt jede Fassadenhälfte zehn Achsen. Der Verlust von jeweils drei Achsen im Verhältnis zur Gartenseite entspricht der Breite der inneren Verbindungsarme.

Die Gliederung erfolgt im Erdgeschoß nach dem Motiv der Pilasterkolonnade. Im Obergeschoß ist, analog zur Gartenseite, eine Abfolge von hochrechteckigen, durchfensterten und querrechteckigen, blinden Ädikulen gegeben. Der Rhythmus der Durchfensterung ist zur Gartenseite synkopisch versetzt: beiderseits des Mittelportals sind die ersten zwei Travéen jeweils offen, erst die dritte ist geschlossen. Durch diese Verschiebung ist erreicht, daß im Innenraum jedem Fenster ein geschlossenes Wandfeld gegenübersteht.

Im Unterschied zur Arkadenwand der Gartenseite ist die eigentliche
Flügelwand von nur vier Bändern horizontal durchzogen: das unterste
fehlt, das in Höhe der Fensterbänke laufen würde. Dafür ist der Stab,
der den Beginn der Kapitellzone markiert, durchgezogen. Die Ord-
nungsglieder sind überall gleichmäßig mit fünf Schaftringen versehen.

Auf der Hofseite erscheint die Wand eigentümlich geschichtet: der
Grundmauer ist das vierfache Bandmuster appliziert, und die so horizontal gestreifte Wand trägt zwei Gliederungssysteme, die zum Teil
gleichrangig behandelt sind, zum Teil aber einander durchdringen,
wobei das eine das andere zu überlagern sucht; es sind dies die Pilasterordnung und die Fensterrahmung.

Die Pilaster tragen, wie an der Arkadenwand der Gartenseite, ein re-
gelmäßiges, die gesamte Front durchlaufendes Gebälk, das aus einem
dreiteiligen Architrav, einem reich verzierten Fries und einem Gesims mit Zahnschnitt besteht. Im Friesornament kommen, nebst Ran-
ken und gekreuzten Fackeln, auch gekreuzte Füllhörner vor, die das
Monogramm des verstorbenen Königs Heinrichs II und seiner Witwe
Katharina von Medici umrahmen.

Das Fenstersystem ist in den geschlossenen Travéen der Pilasterordnung gleichgestellt: auf einer doppelten Fensterband ruhen die pfeiler-
artigen Vertikalbänder, die in den offenen Travéen das Fenster umrahmen; den Pilastern gleich überschneiden sie die horizontalen Streifen
der Wand und enden am Architrav; sie besitzen an der Fensterbank
eine Art Sockelung, stoßen aber unvermittelt mit dem Gebälk zusammen, ohne eine kapitellähnliche Ausbildung als oberen Abschluß zu
tragen. In den offenen Travéen stützen diese Fensterpfeiler einen als
rechteckige Rahmentafel geformten Sturz, der das Gebälk in der Breite von Architrav und Fries überlagert und in den unteren Teilen des Ge-
simses eine Verkröpfung bewirkt. Damit scheint das Fenstersystem in
den offenen Travéen der Pilasterordnung übergeordnet zu sein; es vermag aber das Gebälk nicht zu durchbrechen, dessen Gesims unangetastet über die ganze Front läuft und sie festhält. Die Fensterbänke,
die für die Fensterpfeiler das Auflager bilden, springen aus der Wand
vor, wobei die eine die andere trägt; von der unteren hängt ein rechteckiges Tafelfeld, das von zwei Flachvoluten im Triglyphenmuster ge-
rahmt wird; die obere ist mit Ringen versehen.

Das Mittelportal der Hofseite ist, im großen, gleich gegliedert, wie
das der Gartenseite: zwei Vollsäulen auf gemeinsamem Postament
und mit gemeinsamer Gebälkverkröpfung, eine Nische mit einer darüber gestellten Rechtecktafel umrahmend, stehen beiderseits der Toröffnung. Die Unterschiede betreffen Einzelheiten: die vollständige,
fünffache Bänderung ist über den ganzen Portalbau gezogen und affi-
ziert auch die Torumrahmung; wegen der hier, aufgrund der niedrigeren Fassadensockelung andersartigen Proportionen, sind Nischen und
Felder zwischen den Säulen höher angebracht; die Torarchitektur ist

anders gestaltet: sie besteht aus zwei äußeren Pfeilern, die den Dreiecksgiebel tragen, und einem inneren, architravierten Rahmen; der Bänderung, die in den flankierenden Pfeilern Bossencharakter annimmt, entsprechen im Sturz Keilsteine; über dem Tor, das gesamte Gebälk verdeckend, hängt ein großes Tafelfeld.

Die Ordnung ist ionisch. Warum sie Delorme für die Tuilerien gewählt hat, erklärt er selbst in seinem Architekturtraktat: "Ich werde nicht fortfahren, ohne Sie davon zu unterrichten, daß ich diese ionische Ordnung unter allen anderen gewählt habe, um den Palast zu verzieren und auszuzeichnen, den die Majestät der Königin, Mutter des allerchristlichsten Königs Karls IX dieses Namens, zur Zeit in dieser Stadt Paris nach ihren Wünschen und Plänen erbauen läßt ... Ich habe diese Ordnung an ihrem Palast anbringen wollen, weil sie sonst kaum gebraucht wird und erst wenige Personen sie an säulenverzierten Gebäuden verwandt haben. Manche haben sie zwar für Türen in Holz einigermaßen wiedergegeben, aber sie haben sie weder gut gekannt, noch gut zur Anschauung gebracht. Der andere Grund, warum ich besagte ionische Ordnung am Palast der Majestät der Königin habe anbringen und angemessen zeigen wollen, ist der, daß sie weiblich ist und nach den Proportionen und Schönheiten der Damen und Göttinnen gebildet worden ist, wie die dorische nach den Männern, wie es mich die Alten gelehrt haben ... Ich habe mir also gerade am besagten Palast der Majestät der Königin mit der ionischen Ordnung helfen wollen, weil sie zart ist und größere Schönheit besitzt als die dorische, auch weil sie verzierter und reicher an Einzelheiten ist ... Aber diese ionische Ordnung eignet sich zum Bau eines Lustschlosses oder -palastes und zur Ergötzung von Fürsten und großen Herren, wie die korinthische Ordnung auch ... " (3)

Delormes ionische Ordnung weicht allerdings von der kanonischen der Antike ab. Ihr Merkmal sind die fünf Ringe, die den Säulenschaft unterbrechen. An den Pilasterspiegeln erscheinen sie als einfache, langrechteckige Platten, an den Säulenschäften sind sie reich verziert; der erste Ring trägt ein Rankenornament; im zweiten erscheint das Motiv der gekreuzten Fackeln aus dem Gebälkfries wieder und ihm entspringt ein dichter Kranz hoher Blätter, der die Hälfte der darüberliegenden Säulentrommel verdeckt; der dritte ist mit einem rechtwinklig-geometrischen Bandmuster verziert und um eine Lage niedriger Blätter erweitert; der vierte erscheint sparsamer modelliert, stützt aber ebenfalls einen niedrigen Blätterkranz; der fünfte ist ein Lorbeergebinde, und die letzte Säulentrommel unter dem Kapitell ist ganz von Eichenlaub überwuchert. In der Wiedergabe dieser Einzelheiten stimmen die Zeichnungen Ducerceaus genau mit den Überresten der Arkadenwand überein, die sich in Paris erhalten haben (4). Diese Säulenbildung, die sich an antike, in Rom befindliche Beispiele anlehnt, beansprucht Delorme als eigene Erfindung, und er will mit ihr eine neue, national-französische Ordnung kreieren (5).

Das Obergeschoß ruht auf einem zweiteiligen Sockel, dessen obere
Hälfte in einem hakenkreuzbesetzten Fries mit einem schmalen, abschließenden Gesims besteht. Er ist rhythmisch gleichmäßig verkröpft:
über jedem Ordnungsglied und innerhalb jeder Travée springt er vor
und bildet so eine Folge schmaler und breiter Piedestale. Auf den
schmalen Vorsprüngen, im Lot über den Pilastern des Erdgeschosses,
stehen sich nach unten verjüngende Pfeilerstümpfe, die ein Stück Architrav tragen. Sie sind zu zwei Dritteln ihrer Länge kanneliert; in der
Mitte rankt ein Lorbeerast empor, der sich im obersten Drittel teilt
und einen Kranz um das gekrönte Monogramm Heinrichs II und Katharinas von Medici bildet. Die breiten Vorsprünge bilden in den offenen
Intervallen die Fensterbänke, in den geschlossenen Intervallen tragen
sie eierstabbesetzte, querrechteckige Rahmen, in denen sich Marmor-
tafeln befinden. In den Fensterachsen ist dem Sockel ein weiteres,
niedriges Sockelband aufgelegt, das die Fensterrahmen stützt. Diese
stehen hochrechteckig, sind über mehrere verzierte Stäbe gestuft, ge-
ohrt und schließen oben waagrecht ab. Sie tragen gesprengte Segmentgiebel. Die eigentliche Fensterwand, die die Lukarnen bildet, steht
hinter dem Fensterrahmen zurück. Ihr sind Dreiecksgiebel zugeordnet,
die hinter den Segmentgiebeln stehen, sie aber übergreifen. Auf deren
Schrägen lagern beiderseits Figuren. Die Pfeilerstümpfe sind in den
geschlossenen Intervallen durch einen breiten, gesprengten Dreiecksgiebel zusammengeschlossen, aus dessen Mitte ein Wappen emporragt
und auf dessen Schrägen Figuren lagern. Die so gebildeten Ädikulen
umgreifen die Rahmentafeln.

Beiderseits des Portals ist durch die Aufeinanderfolge zweier offener
Travéen die rhythmische Reihe gestört, und die beiden ersten Pfeilerstümpfe, die bei gleichmäßiger Gliederung zusammen einen Giebel
tragen würden, stehen für sich allein; sie sind, in Anlehnung an die
Giebelbildung, um ein Stück Gesims erhöht. Die beiden ersten Fenster
rechts und links des Portals stehen jeweils in einem gemeinsamen
Wandzusammenhang, der eine Lukarne mit Giebelbekrönung bildet.
Dadurch werden die auf den Fensterrahmen ruhenden Segmentgiebel
von einem einzigen, großen Dreiecksgiebel übergriffen.

c) <u>Die Eingeschossigkeit</u>

Das Hauptkennzeichen des Tuilerien-Aufrisses ist seine Eingeschossig-
keit (das Obergeschoß ist als Dachgeschoß gebildet).

Es zeigt sich, daß in der zweiten Hälfte des 16. Jhdts in Frankreich
der niedrige, langgestreckte, regelmäßig durchfensterte Aufriß Gar-
tengebäuden vorbehalten bleibt. Die Anlage von Gärten außerhalb der
Schloßbefestigung ist im 16. Jhdt in Frankreich nichts Neues. Neu
scheint hingegen die Hinzufügung von Gartenhäusern zu sein, die mit
den Parterres zusammen selbständige Bezirke bilden, wobei sie, was

ihre architektonische Physiognomie betrifft, zum Hauptschloß in einen deutlichen Gegensatz gebracht werden: während die Schlösser als mehrstöckige, geschlossene Komplexe in Erscheinung treten, sind die Merkmale der Gartenhäuser ein niedriger, einstöckiger Aufriß, lockere Behandlung und Offenheit.

So ist der um 1506 angelegte, rechteckige, obere Garten von Gaillon, wie Ducerceau ihn überliefert (6), auf zwei Seiten von Gebäuden gesäumt. Dem Hauptschloß zugewandt, in einer Breitseite des Gartenrechtecks liegend, erstreckt sich ein älterer Bau, der mit dem Garten zusammen entstanden sein muß (7). Er besteht aus einem zweistöckigen Mittelpavillon, der den Eingang zum Garten markiert, und einstöckigen Seitenflügeln, deren Fassaden regelmäßig durchfenstert und mit Doppelpilastern gegliedert sind; sie enthalten fortlaufende Zimmerreihen. Nach 1550 wurde auf der Talseite, in der ganzen Länge des Gartens eine ebenerdige Galerie hinzugebaut. Sie besitzt in der Mitte ein Hauptportal mit Pavillonbedachung, dem auf beiden Seiten Nebenportale symmetrisch zugeordnet sind. Die Behandlung der dazwischen liegenden Fassadenabschnitte hat mit dem Aufriß des mittleren Gartenflügels der Tuilerien einige Ähnlichkeit: die Front ist gleichmäßig horizontal gebändert und die auf Sockeln stehenden Fensterrahmen reichen bis zum Traufgesims; über ihnen sind Giebelbekrönungen gesetzt, die aus einem querrechteckigen Tafelrahmen mit Voluten bestehen.

Als langgestreckte, niedrige Front erscheint auch das Gartengebäude von Vallery, der Residenz des Marschalls von St André, das in einiger Entfernung vom Schloß eine selbständige, mit dem Schloß nicht verbundene Gartenanlage besitzt (8). Der rechteckige Garten ist in den Langseiten durch Mauern mit Blendarkaden geschlossen; die Querabschlüsse bilden auf der einen Seite eine erhöhte Chaussée, auf der anderen Seite das Gartengebäude. Dieses besteht aus einer zwischen Eckpavillons eingespannten, ebenerdigen Galerie, die sich in Arkaden zu den Parterres hin öffnet. Drei Arkadenöffnungen sind als Zugänge offen: die äußeren und die mittlere, alle anderen sind durch Brüstungen geschlossen. In den Eckpavillons befinden sich Appartements.

Eine ähnliche Front erscheint auf einer Vorzeichnung des Antoine Caron zu einem der Valois-Teppiche (9). Dargestellt ist eine Naumachia, die auf einem rechteckigen Teich vorgeführt wird, in dessen Mitte sich eine kleine, runde, baumbestandene Insel befindet. Im Hintergrund wird, in der Breite des Teiches, eine Schloßfront sichtbar, die in einem langen, niedrigen Flügel besteht, der von Pavillons flankiert wird. Darin wird meist Fontainebleau erblickt, nichts in der dargestellten Anlage stimmt aber wirklich mit den topographischen und architektonischen Gegebenheiten dieser Residenz überein. Diese Zeichnung ist vielmehr als Variation zu werten, die sich zwar im großen an Fontainebleau anlehnt, im Detail aber Motive anderer Herkunft einbezieht. So ist, in den Grundformen, die dargestellte Anlage eine Paraphrase auf den Garten von Vallery: der lange, niedrige Flügel mit den flankierenden Pavillons, der das rechteckige Wasserparterre beherrscht, ist durchaus ähnlich. Im architektonischen Detail weicht die Schloßfront Carons vom Gartenbau Vallerys allerdings gänzlich ab: der Flügel besitzt auch hier im Erdgeschoß eine Arkadenfolge (die auf der Zeichnung zum Teil von den Zuschauern verdeckt, doch an einigen Stellen deutlich sichtbar wird), darüber ist aber nicht unmittelbar die Dachung gesetzt, sondern es folgt ein Obergeschoß, dessen Fenster zur Hälfte über die Trauflinie emporragen. Das ist ein Zug, der sicherlich den Tuilerien entlehnt ist. Die flankierenden Pavillons erscheinen in der Form und in der architektonischen Gliederung altertümlich.

Diese Zusammenhänge werden durch einen späteren Bau bestätigt, der in seinem Aufriß als eine Tuilerienkopie gelten kann: die Galerie des Cerfs in Fontainebleau (1o). Daß man darin ein Gartengebäude zu erblicken hat, ergibt sich zwingend aus der Tatsache, daß dieser Flügel noch heute die einzige dem Jardin de Diane zugekehrte Schloßfront trägt; überprüft man seine Lage am Grundriß Ducerceaus, so wird deutlich, daß er, aus der geschlossenen Anlage der Cour ovale herausspringend, über dem Verlauf des in der zweiten Hälfte des 16. Jhdts angelegten und bald wieder aufgelassenen Grabens erbaut wurde, so, daß er mit seiner Front eine Seite des annähernd quadratischen Gartens beherrschte. Dieser lange Flügel wurde um 16oo von Heinrich IV errichtet. Er beherbergte im Erd- und im Obergeschoß je eine den ganzen Bau einnehmende Galerie. Die untere war der Jagd gewidmet und mit Hirschgeweihen geschmückt, die obere trug ein Diana-Programm, das zunächst Gabrielle d'Estrées geweiht war, nach ihrem Tod aber auf Maria von Medici umgearbeitet wurde. Der Flügel besitzt beiderseits eines Mittelportals je zehn Achsen. Das Erdgeschoß ist mit einer Pilasterkolonnade versehen, in deren Interkolumnien sich Arkadenfenster öffnen. Die Pilaster und die Fensterpfeiler ruhen auf Piedestalen, zwischen denen, in gleicher Höhe, Brüstungsmauern die Fensterbänke bilden. Dieser regelmäßigen Gliederung entspricht im Obergeschoß, über dem stark schematisierten Gebälk der Erdgeschoßordnung, eine rhythmische Abfolge von hochrechteckigen Fenstern und querrechteckigen Zwischenfeldern. Die Fenster sitzen in festen Rahmen, die auf dem Gebälk aufliegen und Giebel verschiedener Formung tragen. Die blinden Felder sind umrahmt von je zwei sich nach unten verjüngenden Pfeilerstümpfen, die ein schmales Gesims tragen; sie bestehen aus einem quadratischen Spiegel, in dessen Mitte ein Oval eingelassen ist, von dem aus in Kreuzform zwei Muscheln und zwei Akanthusblätter ausgehen. Das Abschlußgesims der Zwischenfelder fällt mit der Trauflinie zusammen. Die Fenster ragen darüber empor und bilden mit ihren oberen Teilen Lukarnen. Dies ist der

Aufriß der Gartenseite der Tuilerien, wobei der Arkadengang mit der Flügelmauer zusammengeschmolzen ist.

d) Das Fenstersystem

Seit der Frührenaissance besteht ein Grundzug der Aufrißbildung der französischen Architektur in der Fensterbahn. Darin sind die Fenster, einer Vertikalachse folgend, im Lot übereinander angeordnet und bilden ein eigenes Gliederungssystem, wobei im Sinne einer Superposition Fensterrahmen übereinandergesetzt werden, die aus flankierenden Pilastern und abschließenden Gesimsen bestehen. (11) In Azay-le-Rideau, das um 1520 erbaut wurde (12), entwickeln sich die Fensterbahnen im Sinne einer echten Übereinanderordnung vom untersten Sockelband nach oben. Die rahmenden Pfeiler erscheinen beiderseits der Fensteröffnungen als Pilaster mit Basis und Kapitell, in den dazwischen liegenden Feldern als einfache, vorspringende Vertikalbänder. An den Außenseiten des Schlosses enden die Fensterbahnen unterhalb des breiten, pechnasenartig vorstoßenden Kranzgesimses; die Lukarnen, die darüber gesetzt sind, stehen zwar mit den Fensterbahnen im Lot, gehören aber nicht mehr zu ihnen. Auf der Hofseite hingegen steigen die Fensterbahnen als selbständige Gebilde bis über die Trauflinie hinauf; sie durchbrechen das schmale Kranzgesims in der Art, daß das oberste Fenster mit seinem Rahmen zur Hälfte über den Dachansatz aufragt und eine Lukarne bildet.

An der um 1530 erbauten Porte Dorée in Fontainebleau (13) bestehen beiderseits der großen Loggienöffnungen die Fensterbahnen aus übereinandergesetzten Ädikulen.

Dieses Fenstersystem kann mit der stockwerkweisen Gliederung der Gesamtfassade übereinstimmen; in der Regel folgt es aber eigenen Gesetzen und bildet ein zweites, gleichrangiges Gliederungsnetz. Das Petit Chateau von Chantilly (14) zeigt es in beispielhafter Weise: Es ist von einer sehr genau behandelten, großen, korinthischen Ordnung gefaßt, die allerorten von der Fenstersuperposition durchbrochen wird. Die Fenstersuperposition besteht auf der Portalseite im Übereinander fester Rahmen, die derart aufeinander gesetzt sind, daß der Eindruck eines logischen Eigenbaus entsteht, bei dem die unteren Teile die oberen tragen: auf dem geböschten Grundsockel des Gebäudes steht die vorspringende Fenstersohlbank, die durch ein schmales Gesims abgeschlossen ist; auf dieses Gesims ist der erste, architravierte Fensterrahmen abgestützt, der oben waagrecht abschließt und ein Gesimsband trägt; auf diesem Gesimsband ruht der zweite, dem ersten ähnlich gebildete Fensterrahmen, der seinerseits ein kleines Rechteckfenster stützt, an dem der abschließende Dreiecksgiebel aufgehängt erscheint. Die Höhe des Sohlbankgesimses ist festgelegt durch das Sockelniveau der korinthischen Ordnung; von dieser gemeinsamen Linie abgesehen, ist die Fenstersuperposition aber in keiner Weise mit der großen Ordnung übereingestimmt: der zweite Fensterrahmen durchstößt das Gebälk und schießt über die Trauflinie hinaus, so daß dessen oberer Teil eine Lukarne bildet.

Dieses Nebeneinander selbständiger, miteinander konkurrierender Systeme ist im Fassadenaufbau der Tuilerien nicht in dem Maße gegeben, wo die Fensterumrahmung in den offenen Achsen zwar über Architrav und Fries des Gebälkes eine rechteckige Tafel trägt, das Gesims jedoch nicht durchbricht und in den geschlossenen Achsen, den Pilastern gleich, bis zum Architrav reicht und damit, wenn man so will, innerhalb des fiktiven Stützen-Lasten-Spiels des Ordnungsgerüstes ein zusätzliches Stützen darstellt. Das Phänomen der französischen Fensterbahn genügt also nicht, die Fenstergestaltung der Tuilerien zu erklären, die, im Gegensatz zum petit chateau von Chantilly, in das große Ordnungssystem einbezogen ist.

Die Einbeziehung des Fenster- oder Torrahmens in das Ordnungsgerüst, wobei dieser bis zum Architrav heranreicht und diesen mitzustützen scheint, ist venezianisch. Bei Sanmicheli läßt sich dieser Zug architektonischer Gliederung gut herauslesen.

Im Hof des Palazzo Pompei (15) sitzen die Fenster in vorspringenden Wandfeldern, die bis zum Kranzgesims reichen und es anschaulich stützen: die Arkadenbögen des Erdgeschosses tragen mit ihren Keilsteinvoluten ein breites Horizontalband, das für das Obergeschoß eine Sockelung bildet; darauf sind die Fenstersohlbänke gesetzt, deren Vorsprung sich beiderseits der Fensteröffnungen in den flankierenden Pilastern, darüber im Feld des Fensterbogens bis zum abschließenden Gesims fortsetzt.

Dasselbe Fenstersystem wendet Sanmicheli in den schmalen Travéen der Fassade des Palazzo Bevilacqua an (16): die vorspringende Umrahmung des großen Bogen- und des darüberliegenden, kleinen Rechteckfensters bildet ein durchgehendes, vertikales Band, das zwar nicht bis zum Architrav, aber bis in die Kapitellzone reicht, die anschaulich das Gebälk nach unten erweitert.

Serlio gibt in seinem vierten Buch über die Ordnungen venezianische Palastfassaden und Architektursysteme an, die mit aller Deutlichkeit stützende Fensterrahmen zeigen: auf Fol. 155 r haben im zweiten Obergeschoß nebst den Säulen die Fensterrahmungen am Tragen des Gebälks teil; sie sind, wie Sanmichelis Fensterrahmen im Hof des Palazzo Pompei, aus Parapett, flankierenden Pfeilern und Bogenfeld zusammengesetzt. Die Fassade des Palastes auf Fol. 156 r, die ohne große Ordnung komponiert ist, besitzt im zweiten Obergeschoß denselben Aufbau; im Hauptgeschoß gehen die vertikalen, vorspringenden Bänder über anderthalb Geschosse: dem eigentlichen, hochrechteckigen Fensterrahmen ist ein quadratischer Rahmen hinzuaddiert, der eine runde Öffnung enthält.

In Architekturen, denen das System der rhythmischen Travée zugrunde liegt, wird in den schmalen Achsen gerne eine Superposition tragender Rahmen vorgenommen. Auf Fol. 174 r sitzen über den doppelsäulenbesetzten Travéen des Erdgeschosses im Obergeschoß Nischenädikulen, über die im abschließenden Halbgeschoß einfache Rechteckrahmen gesetzt sind. In den breiten Travéen sind im Obergeschoß tragende Fensterrahmen angeordnet, nach dem schon beschriebenen Muster.

Auf Fol. 152 r bestehen die schmalen Travéen über den Doppelsäulen des Erdgeschosses nur aus übereinander geschichteten Rahmenelementen.

In seinem sechsten Buch, im Aufriß zum Palast des Gouverneurs (Fol. 62 v / 63), gleicht Serlio das Fenstersystem der Säulenordnung an und stellt ihre Gleichberechtigung unter Beweis, indem er einen vorspringenden Fensterrahmen mit einer ionischen Kapitellbildung bekrönt.

Daß Unvereinbarkeiten zwischen dem Fenstersystem und der Fassadenordnung entstehen können, wird aus den Ausführungen Delormes über die Anbringung und die Dimensionierung der Fenster deutlich. Nach dem Prinzip der optimalen Belichtung der Räume fordert er, daß der Fensterrahmen über die Kämpferlinie des Zimmergewölbes hinausstoßen solle, was, streng genommen, nach außen einem Durchbruch durch das Ordnungsgebälk gleichkommt. Im 14. Kapitel seines 8. Buches schreibt er (17): "Was die Höhe (der Fenster) betrifft, so habe ich immer in der Erfahrung festgestellt, daß die Höhe der Kreuzfenster, damit eine Wohnung gefällig sei, im Sturz sehr nah an der Decke oder an dem Balken sein muß, ungefähr einen halben Fuß; sonst, wenn der Fenstersturz viel niedriger als der Deckenbalken bleibt, um zwei Fuß, drei, sechs, oder mehr, wie man es im Schloß Verger oder an anderen Orten sehen kann, so werden die Säle schwermütig; deshalb muß man besagte Fenster so hoch gestalten, als möglich, wenn man will, daß die Wohnung gefällig sei. Ungefähr denselben Diskurs können Sie im 11. Kapitel des zweiten Buches unserer "Neuen Erfindung" sehen, wo ich von den Kreuzfenstern handle, in Verbindung mit dem neuen Zimmerwerk. Denn überall dort, wo man davon Gebrauch machen will, muß man immer die Fenster höher als den Kämpfer oder den Balkenanfang machen".

Aus folgenden Sätzen erkennt man, daß das Abstimmen des Fenstersystems auf die Fassadenordnung ein echtes, kompositorisches Problem darstellt (18): (Buch 8, Kapitel 17) "Manche werden denken, nachdem sie das gelesen haben, was ich über die Gebäudefassaden geschrieben habe, um die Anordnung der Fenster zu zeigen, daß ich diese einengen oder unterordnen will, indem ich an den Häuserfronten Säulen und Pfeiler anbringe, was aber in keiner Weise meine Absicht ist".

Delorme bemüht sich, überall dort, wo er eine Säulen- oder Pilasterordnung anwendet, diese mit dem Fenstersystem zu koordinieren. Das, was er über die Fassadengliederung in den Kapiteln 14, 15 und 16 seines 8. Buches schreibt, und die Bildbeispiele, die er dazu gibt, beweisen es. So sind an den Hoffassaden von St Maur (19) die Fensterrahmen den Grundlinien eingepaßt, die die korinthische Ordnung der Mauer aufprägt: das Parapett mit seinen Triglyphenkonsolen ist der hohen Sockelzone aufgesetzt, der eigentliche Fensterrahmen endet am Stab, der den Beginn der Kapitellzone markiert, und das Abschlußgesims berührt den Architrav.

Ähnlich verhält es sich bei der Fassade, an der Delorme eine kolossale, über zwei Stockwerke gehende Pilasterordnung vorführt (2o): in den äußeren Travéen füllen die Fenster mit ihren selbständigen, auf Konsolen ruhenden Rahmungen das Interkolumnium dicht aus, während in den inneren Travéen ein Superpositionssystem aus Rahmen und Feldern vom Sockel bis zum Architrav reicht. Ein solches Fassadenbild ist ohne den Einfluß Serlios nicht denkbar. Delorme läßt es nicht zu, daß das Fenstersystem die Fassadenordnung sprengt. Darin empfindet er sich selbst als ein Lehrmeister der richtigen Baukunst. In seinem überlieferten Werk trifft man auf keine einzige Lösung, wie sie das kleine Schloß von Chantilly darbietet. Es ist für diesen Sachverhalt bezeichnend, daß das eigenwillige Chorfenster der Schloßkapelle von Anet zwar in seiner Öffnung, nicht aber in seiner Rahmung das Gebälk durchbricht. Nur in freien Kompositionen, in denen er auf die klassische Ordnung verzichtet, erlaubt es sich Delorme, mit den Fensterrahmen die Trauflinie zu durchstoßen, wie an den Eckpavillons der großen Basilika oder am linken Galerieflügel von St Lêger.

e) Die Rahmenkomposition

Das sich im Interkolumnium bildende Ordnungsnetz, das im Gegensatz zur regelrechten Säulenordnung steht, wird, wie wir es schon beobachtet haben, mit Vorliebe aus Rahmenformen zusammengesetzt. Dies ergibt sich aus der klassischen Tür- und Fensterrahmung, die als Ädikula oder als einfache, architravierte Umfassung mit abschließendem Gesims, einen hohen Grad an Selbständigkeit besitzt und sich als eigenständiges Kompositionselement anbietet. Das vierte Buch des Serlio gibt eine Menge solcher Rahmenformen an. Das manieristische Komponieren mit Rahmenformen erfolgt immer nach der einfachsten statischen Vorstellung der Schichtung: Rahmen werden so aufeinandergesetzt, daß anschaulich die unteren die oberen tragen. Dies ist in Sanmichelis Fenstersystem der Fall, in erhöhtem Maße in Serlios Palastfassaden und Architektursystemen. Sehr deutlich wird es auch in den Fensterbahnen des petit chateau von Chantilly.

In der Tuilerienfront ist das ganze Obergeschoß mit Hilfe von Rahmenformen und nach dem Gesetz der Schichtung zusammengestellt. Zweierlei Rahmenformen treten auf: der architravierte Fensterrahmen und der eierstabbesetzte, blinde Spiegelrahmen. Beide sind nach ihrer Eigengesetzlichkeit ordnungbildend. Der Fensterrahmen trägt den gesprengten Segmentgiebel und ist an der Lukarnenbildung maßgebend beteiligt. Der Spiegelrahmen trägt über zwei quadratisch herausgemeißelte Bossen den gesprengten Dreiecksgiebel und bestimmt die Form der ihn umfassenden Ädikula. Nach dem Gesetz der Schichtung erfolgt die Portalbildung auf der Gartenseite: auf dem hohen Postament ruhen die die Toröffnung flankierenden Pfeiler, darauf ist die Archivolte mit dem sie umfassenden, rechteckigen Rahmen gesetzt; auf dem Keilstein und zwei seitlichen Bossen ruht der Giebel, der seinerseits aus mehreren Stücken zusammengesetzt ist; mit dem Giebel stehen die drei Konsolen in unmittelbarer Verbindung, die an der Gebälkbildung teilhaben.

f) Die Reihung

Die Fassadenarchitektur der Tuilerien erscheint als im höchsten Grad additiv behandelt: alle Glieder und Aufbauelemente sind selbständig; das Fassadenbild ergibt sich aus einer Zusammenfügung, der jeglicher Halt fehlt. Die Großform ist sekundär, sie entsteht erst aus der Verbindung von Einzelgliedern. Als primär muß die Reihung, die regelmäßige Setzung dieser Einzelglieder angesehen werden.

So erweist sich im Obergeschoß das Motiv der Ädikula als Kompositionsergebnis und nicht als Kompositionselement: die Reihung der Pfeilerstümpfe ist ein Grundzug der Fassadenstruktur, deren Verbindung durch Dreiecksgiebel hingegen erfolgt erst nachträglich. Dies beweisen die Pfeilerstümpfe, die, sowohl auf der Garten-, als auch auf der Hofseite, an allen Frontenden vereinzelt stehen und keinen Anteil an einem architektonischen Motiv besitzen. Auf der Hofseite sind die Zweifensterlukarnen beiderseits des Mittelportals mit drei solcher Pfeilerstümpfe besetzt, wobei jeder für sich steht und anders gelesen werden muß: so ist der seitlich zum Portalbau hin gesetzte aus jedem Zusammenhang herausgerissen; der mittlere, zwischen beiden Fenstern stehende ist mit Hilfe einer Lisene in die Lukarnenarchitektur einbezogen; der dritte schließlich, kann nicht mit der Lukarne zusammengesehen werden, denn er gehört bereits zur benachbarten Ädikula.

Diese Verselbständigung und Austauschbarkeit der Glieder ist ein manieristisches Phänomen, auf das bereits hingewiesen worden ist (21).

Die Fassadenabschnitte auf der Gartenseite besitzen eine unanschauliche Symmetrie: sie beginnen und enden mit einer Fensterachse, die Mitte fällt ebenfalls mit einer Fensterachse zusammen. Dies ist das gewünschte Ergebnis der Verbindung einer ungeraden Achsenzahl mit der rhythmischen Abfolge offener und geschlossener Travéen. Auf der Hofseite ergeben sich diesbezüglich aufgrund der geraden Achsenzahl Schwierigkeiten: die Mitte fällt nicht mit einer Travée, sondern mit einem Pilaster zusammen; läßt man den Fassadenabschnitt mit einem Fenster beginnen, so endet er mit einem blinden Wandfeld. Aus dem Streben nach der unanschaulichen, rein mathematischen Symmetrie, wie sie sich auf der Gartenseite darbietet, läßt sich die Fensterverdoppelung beiderseits des Mittelportals erklären. Die rhythmische Verschiebung zur Abfolge der Gartenseite, die bezweckt, im Innenraum jeweils ein Wandfeld durch ein gegenüberliegendes Fenster beleuchten zu lassen, wäre durch die Anordnung einer blinden Travée am Beginn der Reihe schon erreicht. Die Fensterverdoppelung muß also eine kompositorische Wurzel haben: faßt man die Doppeltravée als eine, so ergeben sich fünf Fensterachsen; jedes Ende und die Mitte erscheinen mit einem Fenster besetzt.

Auf der Gartenseite ist die unanschauliche Symmetrie mit einer regelmäßigen Gruppenbildung verbunden, die rein zahlenmäßig erscheint: die erste, dann jede vierte Achse eines Fassadenabschnitts ist durch die Vorlage von Vollsäulen und einen Gebälkvorsprung ausgezeichnet; dazwischen entstehen Dreiergruppen flach gegliederter Travéen. Damit wird die Front nicht wirklich gegliedert oder verlebendigt, sondern es wird eine neu verteilte Reihung der ersten hinzugegeben: man liest nicht nur $1 + 1 + 1 + 1 \ldots$, sondern zusätzlich $1 + 3 + 1 + 3 \ldots$ (22).

Die Horizontalbänderung hat bei der stark additiven Kompositionsweise in den Tuilerienfassaden die Aufgabe, anschaulich die einzelnen Glieder zusammenzubinden.

IV. DIE BAUGESCHICHTE

Das Tuilerienprojekt hat in der zeitgenössischen Geschichtsschreibung und Literatur nur wenige Spuren hinterlassen. Dies überrascht nicht weiter, denn das Interesse galt in den Jahren, die auf den Tod Heinrichs II folgten, ausschließlich der Parteibildung und den kriegerischen Ereignissen. Die spärlichen Erwähnungen des Tuilerienbaus spalten sich denn auch meist in puritanisch-monarchiefeindliche Verdammungen und höfische Lobeshymnen. Welcher Tenor auch angeschlagen wird, eines bleibt allen Beschreibungen gemeinsam: das Anspruchsvolle, ja Größenwahnsinnige des Projekts wird unterstrichen und Katharina von Medici mit römischen Kaisern verglichen.

Der starr protestantische Agrippa d'Aubigné schreibt in "Les Tragiques", im Kapitel, das den Mächten der Hölle gewidmet ist: (1)

"Was er (der Teufel) bei seiner Ankunft zuerst antraf, war die Vorbereitung zum stolzen Bau, den die florentinische Pest damals entwarf; er gab zehntausend Häuser der Zerstörung anheim, um dem Plan zu genügen: die arglistige Schlange bemächtigte sich dieser Königin und erstellte, um ihrer Macht sicher zu sein, einen luftigen Flügel mit vollkommenen Säulen, hochmütigen Pavillons, irren Wetterfahnen, vollendeten Kuppeln, vergoldeten Fenstern, Pilastern und Portalen, Sälen, Kabinetten, Zimmern, Galerien, ein solches Projekt also, wie es die Tuilerien sind..."

"Während Nero die Römer im Theater und im Zirkus mit eitlen Schauspielen unterhielt, wie es diejenigen von Bayonne oder den Tuilerien sind..."

Brantôme unterstreicht wohlwollend den Glanz des Hofes (2): "und wenn solcher Aufwand auch viel kostete, er bereitete Vergnügen; (die Königin) sagte oft, daß sie darin die römischen Kaiser nachahmen wolle, die es verstanden, Spiele für das Volk zu veranstalten und es damit zu unterhalten". Er erwähnt beiläufig die Tuilerien und fährt fort: "aber was für ein Hof war das? Ich glaube, daß kaum je eine römische Kaiserin einen solchen gehalten hat".

Im Vollgefühl ihrer Regentenmacht, nach dem Abschluß des ersten Religionskrieges im März und der Rückeroberung von Le Havre im Juli 1563, konnte Katharina von Medici von einer glanzvollen Hofhaltung in Paris träumen. Es ist anzunehmen, daß gleich zu diesem Zeitpunkt der Beschluß zum Bau des neuen Palastes gefaßt und mit den ersten Grundstückskäufen begonnen wurde. Die Lage war aber zu prekär, um einen gleichmäßigen Baufortschritt zu ermöglichen, und bald erkannte man, daß man zu hoch gegriffen hatte und wenig Aussicht auf eine Vollendung des Bauwerks bestand. So gibt Delorme selbst in seinem Architekturtraktat 1567 zu verstehen, daß er kaum zu hoffen wage, den Palast zu Ende führen zu können (3): "es gibt niemand im Besitz einiger Urteilskraft, der die Werke dieser überaus tüchtigen und freizügigen Fürstin nicht für bewundernswert und ihrer Größe würdig hielte; ja großartiger (wenn es Gott gefällt, ihr die Gnade zuteil werden zu lassen, zu vollenden) als alles, was Könige und Fürsten in diesem Königreich je unternommen haben; wie es ein jeder, der es vermag, wird beurteilen können angesichts des Beginns jenes Palastes".

Westlich des Louvre war unter Karl V in der zweiten Hälfte des 14. Jhdts eine Stadtbefestigung angelegt worden, die aus Mauer und Graben bestand. Sie verlief senkrecht zum Seine-Ufer bis auf die Höhe der Rue St Honoré, die, als Ausfallstraße nach Westen, ein Tor, das Porte St Honoré, besaß und sich in der Landstraße des Faubourg St Honoré fortsetzte. Die Stelle, an der die Stadtmauer mit dem Seine-Ufer zusammenstieß, war durch einen runden Befestigungsturm, den Tour du bois, markiert, der einen rechtwinkligen Knick der Mauer bezeichnete: diese war unmittelbar am Wasser bis zum Louvre weitergeführt, wo sie in dem runden Tour du coin endete. Franz I ließ in den dreißiger Jahren des 16. Jhdts an diesem Abschnitt der Flußmauer eine Uferstraße aufschütten, die 1537 am Tour du bois mit einem neuen Stadttor, dem Porte neuve, versehen wurde.

Zwischen Porte neuve und Porte St Honoré besaß die Stadtmauer zwei kleine, auf rechteckigen Grundriß aufgeführte Türme. Davor verlief am Stadtgraben ein Weg, der die beiden, zueinander parallelen, nach Westen führenden Landstraßen des Faubourg St Honoré und des Seine-Ufers miteinander verband. Dieser Grabenweg bediente das Vorstadtgebiet, das wegen der dort angesiedelten Ziegeleien "Tuilerien" hieß.

Das in der Ecke zwischen Grabenweg und Uferstraße befindliche Grundstück, das etwa die Hälfte der Grabenweglänge einnahm, gehörte seit 1518 der Krone: Franz I erwarb es für seine Mutter, die ein Landhaus vor der Stadt zu bewohnen wünschte.

Am 15. Januar 1564 kaufte Katharina von Medici einen weiter westlich gelegenen Garten, den Jardin des Cloches; aus dem erhaltenen Kaufvertrag geht hervor, daß der dazwischen liegende Grund bereits in ihrem Besitz war; sie muß ihn im späteren 1563-er Jahr erworben haben. Das zum Faubourg St Honoré hin gelegene Land, das die nördlichen Teile der großen Anlage bilden sollte, scheint erst nach dem Baubeginn hinzugekauft worden zu sein: die nördlich vom königlichen Grundstück am Grabenweg liegenden Häuser gelangten erst 1566 und 1567 in den Besitz der Königin-Mutter (4).

Der Schloßbau setzte im Mai 1564 ein. Zu diesem Zeitpunkt wurde der Fährbetrieb zur Übersetzung des Baumaterials aufgenommen, das zur Hauptsache aus Steinbrüchen gewonnen wurde, die jenseits des Flusses lagen.

Die ersten Arbeiten gingen in Abwesenheit der Königin-Mutter vonstatten, die 1564 mit dem jungen Karl IX eine große Reise durch Frankreich angetreten hatte, mit dem Zweck, den Frieden zu festigen und das Ansehen des Königshauses zu mehren. Katharina von Medici stand während dieser Zeit im Briefwechsel mit dem Marschall von Montmorency, der in Paris den Bau beaufsichtigte und ihre Anordnungen weiterleitete. Diese Reise dauerte zwei Jahre. Nach ihrer Rückkehr setzte sich Katharina von Medici aller Wahrscheinlichkeit nach persönlich für ihren Schloßbau ein. Delorme überliefert, daß die Königin-Mutter großen Einfluß auf die Planung genommen habe (5): "So, wie man es heute im Palast der Majestät der Königin-Mutter, in Paris, sieht, welche aufgrund ihres edlen Geistes und ihrer bewunderungswürdigen Einsicht, die mit großer Klugheit und Weisheit verbunden sind, mit einzigartiger Gefälligkeit sich der Mühe unterzogen hat, die Einteilung ihres Palastes anzuordnen, was die Wohnungen, die Lage der Säle, Vorzimmer, Zimmer, Kabinette und Galerien betrifft, und mir die Maße der Längen und Breiten anzugeben, welche ich in ihrem Palast zur Ausführung bringe, nach dem Willen ihrer Majestät". Es wäre falsch anzunehmen, diese Sätze seien nichts als Schmeicheleien. Im Juli 1566, knapp zwei Monate nach ihrem Eintreffen in Paris, wohnten die Königin-Mutter und der König der Grundsteinlegung einer neuen Stadtbefestigung bei, die jenseits der westlichen Abschlußmauer des Tuileriengartens verlaufen sollte. Diese neue Stadtmauer, deren Verlauf die heutigen Place de la Concorde, Rue Royale und Boulevards folgen, war bereits von Franz I geplant und in Angriff genommen worden. Es ist überliefert, daß man 1523 daran zu bauen anfing, nach einer Woche jedoch die Arbeit wieder einstellte, "denn die Mauern und Gräben waren unnütz und ohne Vorteil". 1536 wurde das Begonnene fortgeführt. Ein Graben wurde ausgeschachtet, der im Kaufvertrag des Jardin des Cloches von 1564 genannt ist. Aus dem Text, der von der Grundsteinlegungsfeier berichtet, geht hervor, daß zum Zeitpunkt des Festaktes die Erdarbeiten bereits abgeschlossen waren und die Aufmauerung der Bastionen unmittelbar bevorstand.

Die neue Stadtbefestigung ist allem Anschein nach mit der Tuilerienanlage zusammen in Angriff genommen worden. Denn im Dezember 1564 schreibt Katharina von Medici aus Montpellier an den Marschall von Montmorency, dieser möge dem Stadtrat von Paris nahelegen, die Arbeiten an der Stadtmauer auf den Abschnitt zu konzentrieren, der hinter dem Tuileriengarten verläuft, damit Bastion und Palastanlage zugleich gebaut werden könnten und sich für den Einbau der Wasserleitung keine Verzögerung ergäbe (6): "Mein Vetter, ich schreibe gegenwärtig dem Vorsteher der Kaufmannschaft, er möge mit den Schöffen und den Anderen aus dem Rat der Stadt Paris dafür sorgen, daß die Befestigungen nicht in der ganzen Länge, von einem Ende zum anderen, fortgeführt werden, sondern daß an dem Damm und der großen Mauer zu arbeiten begonnen wird, die entlang den

Bonshommes errichtet werden müssen, dies als eine große Notwendigkeit, zusammen mit dem Bollwerk, den Gräben und der Uferbefestigung auf der Seite des Gartens meines Tuilerienpalastes, damit das Eine und das Andere zur gleichen Zeit gebaut werden können, wenn es möglich ist, und das, was ich zur Zeit zur Bequemlichkeit des genannten Hauses errichten lasse und die Rohre und Wasserleitungen nicht später verändert werden müssen ..."

Dieser viel zu wenig beachtete Brief, der in den Geschichten des Louvre und der Tuilerien nicht zitiert wird, läßt keinen Zweifel darüber, daß die Tuilerienanlage in Verbindung mit der neuen Stadtbefestigung zu sehen ist. Die Tuilerien sollten von vornherein innerhalb der Stadtmauer zu liegen kommen. Dieser Umstand bestätigt die Interpretation der Anlage als Palaestra-Palast und wirft ein neues Licht auf das Problem des Grand Dessein, des Zusammenhangs zwischen Louvre und Tuilerien: die Möglichkeit, in der neuen Anlage eine Villa suburbana zu erblicken, ist ausgeschlossen.

Die Mauer Karls V, die durch den Bau der neuen Stadtbefestigung hinfällig wurde, sollte geschleift werden; dies wird aus der einfachen Tatsache deutlich, daß es einen Unsinn bedeutet hätte, die Stadtfront des Tuilerienpalastes, die sich, gleich der Gartenfront, in Arkadengängen öffnen sollte, dicht an den Graben zu stellen und der hohen Stadtmauer zuzukehren. Darüber hinaus ergibt sich aber aus der Rekonstruktion der topographischen Verhältnisse, daß der zwischen Garten und Graben eingespannte Raum den fünfhöfigen Palast nicht hätte fassen können: bei der gegebenen Lage des Gartenflügels wäre es notwendig geworden, um die Anlage zu vollenden, die alte Stadtmauer niederzureißen (7).

Das Verhältnis Louvre-Tuilerien läßt sich dadurch besser definieren: der Zusammenhang sollte ähnlich sein, wie der zwischen dem alten und dem neuen Schloß von St Germain-en-Laye.

Dem alten Schloß, das in den vierziger Jahren unter Franz I erneuert worden war, wurde in einiger Entfernung, am Rande des Hochplateaus, hoch über dem Seinetal, unter Heinrich II durch Philibert Delorme ein Theater- und Badehaus hinzugefügt, ohne daß beide Bauten architektonisch aufeinander bezogen worden wären. Das neue Schloß war in seinem Hauptteil nach dem Schema der Hausmitte mit vier Trabanten konzipiert: (8) im mittleren Riegel befand sich ein Festsaal des Basilica-Typus mit erhöhtem Tribunal, dem sich beiderseits große Vorzimmer anschlossen, von denen aus die vier Pavillons zugänglich waren; die beiden dem Seinetal zugewandten Pavillons enthielten je ein Dreier-Appartement für den König und die Königin (9). Diesem Hauptgebäude sollte auf der Seite des alten Schlosses ein in den Hauptrichtungen um vier Exedren erweiterter, quadratischer Hof vorgelegt werden. Auf der Seine-Seite waren den Pavillons des Königs und der Königin offene Arkadenflügel mit flachen Dächern angeschlossen, und vor dieser langgestreckten Front befand sich ein terrassiertes Feld, das sich für Turnierspiele eignete. Dieses neue Schloß wurde nach dem Tode Heinrichs II nicht vollendet und seine Baugeschichte ist nicht restlos aufgeklärt. Dennoch lassen sich aufgrund der Ducerceauschen Überlieferung seine Hauptzüge klar ersehen. Es war, ähnlich den Tuilerien, wenn auch in wesentlich kleinerem Maßstab, ein Lust- und Festhaus, das den Residenzbau des alten Schlosses ergänzend begleiten sollte. Zwischen beiden Gebäuden befand sich eine leere Fläche, der keine verbindende Gliederung zugedacht war, auch später nicht, als unter Heinrich IV das neue Schloß prächtig ausgebaut und mit einem Terrassengarten versehen wurde, der bis zum Seine-Ufer reichte. Dagegen sollten beide Schlösser durch eine lange Galerie verbunden werden. Delorme schreibt in den "nouvelles inventions pour bien bastir" (1o): "Ich hatte beschlossen, es in St Germain-en-Laye ebenso zu machen, an der großen Galerie, die die Majestät des verstorbenen Königs Heinrich zu bauen angeordnet hatte, um von der Brücke, die sich am Schloß auf der Parkseite befindet, zum Theater- und Badehaus gelangen zu können, das ich neu aufzuführen begonnen hatte, welches dem Hafen von Pecq zugewendet ist und ein höchst seltenes und nur wenigen Personen verständliches Werk geworden wäre".

Diese Verbindung zweier, architektonisch selbständiger, sinngemäß aber einander ergänzender Schloßbauten durch eine Galerie war bekanntlich auch für den Louvre und die Tuilerien vorgesehen. Die spärlichen, die Louvre-Galerien betreffenden Nachrichten, lassen alle auf einen Baubeginn in den 6o-er Jahren schließen.

1566 besagt eine Notiz des "Registre du bureau de la ville de Paris" (11): "Am heutigen Tag (am 21. Juli) hat der König die Herren Vorsteher der Kaufmannschaft und Schöffen bestellt und ihnen befohlen, die zweite Abfahrt beim Hafen St Nicolas mit großem Mauerwerk schließen zu lassen, vor den Mauern des Louvre, an der Stelle einer Galerie, deren Bau der König an diesem Ort befohlen hat".

1576 schreibt Ducerceau in seinem Kommentar zum Louvre (12): "Darüber hinaus wurden durch diese Dame auf der Seite des Pavillons einige Erweiterungen von Galerien und Terrassen begonnen, um von da zum Palast gelangen zu können, den sie im Tuileries genannten Ort hat erbauen und aufrichten lassen".

16o5 berichtet Palma Cayet (13): "Die prachtvollen Galerien, um vom Louvre zu den Tuilerien zu gehen, wurden erst durch Karl IX begonnen, der daran nur den Gundstein legte, nach der Anordnung der Königin, seiner Mutter, Katharina von Medici".

1624 überliefert Morisot schließlich, daß Heinrich IV an der großen Galerie folgende Inschrift meißeln ließ: (14) "Henricus IIII, Galliae et Navar. rex christianissimus, porticum hanc, Carolo IX alta olim pace coeptam, inter graves civilium bellorum aestus feliciter absolvit anno

sal. MDXCVI regni VII". Die Zeit hohen Friedens, von der hier die
Rede ist, kann nur mit der relativ ruhigen Spanne zwischen 1563 und
1567 zusammenfallen.

Damit dürfte ausreichend bewiesen sein, daß am Tuilerienpalast, am
Garten, an der neuen Stadtbefestigung und an der Galerienverbindung
gleichzeitig zu bauen begonnen wurde. Aufgrund des Vergleichs Katharinas von Medici mit Nero kann man annehmen, daß die ganze geplante
Anlage ihr ideelles Vorbild in den Bauvorhaben dieses Kaisers besaß,
der die alten kaiserlichen Paläste auf dem Palatin um neue Lusthäuser
in den Gärten des Maecenas erweitern und beide Komplexe, zwischen
denen ein ganzes Stadtviertel lag, durch eine gewaltige "domus transitoria" miteinander verbinden wollte (15). In den Jahren bis 1567 scheint
man an dem großen Projekt mit viel Eifer gearbeitet zu haben. Einem
Brief Katharinas vom 9. September desselben Jahres zufolge muß für
den Garten zunächst eine prächtigere Gestaltung vorgesehen gewesen
sein, als sie uns Ducerceau überliefert, denn die Königin-Mutter bittet
darin um den Entwurf einer Schleusenanlage, die ihr erlauben würde,
im Boot von den Kanälen ihres Gartens direkt in den Stadtgraben und
von dort in die Seine zu gelangen.

Mit dem zweiten und dem dritten Religionskrieg, die von 1567 bis 1570
tobten, scheint die Arbeit an den Tuilerien nicht nur erlahmt zu sein,
sondern sogar gänzlich ausgesetzt zu haben, denn in einem Vertrag,
der am Beginn des Jahres 1571 zwischen Katharina von Medici und dem
Bankier Sixte geschlossen wurde, wird erwähnt, daß es sehr schwierig sei, einen Mann aufzutreiben, der sich bereit erklärte, Geld vorzustrecken, um den Palast vor dem Verfall zu bewahren. Alles deutet
darauf hin, daß nach einer langen Pause das bereits Gebaute wieder in
Stand gesetzt werden mußte, und daß die Wiederaufnahme der Arbeiten
nach dem Frieden von St Germain (1570) nicht dem ursprünglichen Projekt, sondern nur mehr einem Reduktionsentwurf galt. In der Mitte des
Jahres 1571 wurde das Holz für den Dachstuhl beschafft. In der diesbezüglichen Erklärung des Königs heißt es (16): "... um den Palast
und das Haus, das die Königin, unsere hoch verehrte Herrin und Mutter, in den Tuilerien bei unserer Stadt Paris erbauen läßt, zu vollenden und zu seiner Vollkommenheit zu bringen ..." Zu diesem Zeitpunkt
war aber lediglich der mittlere Gartenflügel des Palastes errichtet,
und der südliche, innere Pavillon wurde erst in Angriff genommen.
Aus diesem Text läßt sich herauslesen, daß man sich nach dem Frieden von St Germain mit dem vorhandenen Torso zufrieden gab und das
ehrgeizige, anfängliche Projekt preisgegeben hatte. Die Ortsangabe
"bei unserer Stadt Paris" besagt, daß der Bau der neuen Stadtbefestigung für lange Zeit ruhen sollte, man also nicht mehr daran dachte,
die Tuilerien in die Stadt einzubeziehen und mit dem Louvre zu verbinden. Zur selben Zeit bittet der König die Stadt Paris, die Landstraße des Faubourg St Honoré, die wegen eines dort regelmäßig stattfindenden Schweinemarktes zu einer Kloake geworden war, zu sanieren,

mit der Begründung, daß er in Kürze in den Tuilerien zu wohnen gedenke. Aus demselben Jahr 1571 ist auch die einzige, die Tuilerien betreffende Rechnung erhalten; darin werden verschiedene Arbeiten für den Garten aufgezählt.

Das Haus, das man 1571 zu vollenden trachtete, war eine Villa suburbana und stand dem Typus der Hausmitte mit Trabanten nahe: den Arkadenflügeln sollten abschließende Pavillons angefügt werden, nach dem Schema des Gartenhauses von Vallery, wobei die Flügel Säle, die Pavillons Privatgemächer enthielten. In dieser Gestalt verblieb das Gebäude, und so wurde es am Beginn des 17. Jhdts verstanden: der Stadtplan von Merian und die idealisierte Ansicht von Israel Sylvestre zeigen den überkuppelten Treppenhauspavillon mit den Arkadenflügeln und den abschließenden Pavillons als einen in sich fertig konzipierten Bau.

Der Garten wurde in vereinfachter Form, nach dem Entwurf, den Ducerceau überliefert, angelegt. Er enthielt eine Grotte von bescheidenen Ausmaßen, die Bernard Palissy in der Nähe des Marmorlagers, an der zur Seine hin den Garten abschließenden Mauer aufführte.

Mit dem Wiederaufflammen des Krieges 1572 wurde die Arbeit an den Tuilerien ganz eingestellt. Auch das verkleinerte Vorhaben war nicht zu Ende geführt worden: der nördliche Pavillon fehlte.

Die Anlage wurde in dieser Form als Villa benutzt. Die Königin Mutter verbrachte dort manche Nachmittage, wobei sie die Möbel, die sie benötigte, jedes Mal mitbringen ließ. Die Stallungen, die schon vor 157o fertiggestellt worden waren, beherbergten Pferde, die in der den Garten im Norden begleitenden Bahn geübt wurden. Im Garten fand 1573 zu Ehren der polnischen Gesandten ein großes Fest statt.

Im April 1575 bat der König die Stadt Paris, den Abschnitt der Stadtmauer zwischen Porte Neuve und Porte St Honoré für den Verkehr zu sperren, weil man vom Wall aus Einblick sowohl in den Garten der Tuilerien, als auch in den des Louvre gewinnen könne.

In den späteren 7o-er Jahren scheint Heinrich III den ohnmächtigen Beschluß gefaßt zu haben, das ursprüngliche Projekt wieder aufzunehmen. 1578 stellt der König fest, daß die den königlichen Bauten zugedachten Gelder für andere Zwecke abgezweigt worden seien und dadurch "die seit Langem bestehende Absicht, den Louvre mit einem so schönen Palast zu ergänzen, gänzlich und vollkommen vereitelt worden" sei (17); er befiehlt, daß nun sämtliche Gelder "für den Bau des Tuilerienpalastes" verwendet würden, "damit eine so löbliche und notwendige Unternehmung zu Ende geführt werde". (18) Dies ist die Zeit, da Ducerceau seinen zweiten Band der französischen Schlösser vorbereitet und herausgibt. Eine Zeichnung, wie die der Gesamtanlage ist nur aus dieser neuen Situation heraus erklärbar und muß auch zu diesem Zeitpunkt entstanden sein: der Palast ist in Verbindung mit

Abb. 2

dem Garten gezeigt, die Anlage bleibt aber außerhalb der Stadt; der
Stadtflügel steht direkt am Wassergraben und ist der Stadtmauer zugewandt. Ein solcher Zusammenhang ist topographisch unmöglich und
bedeutet eine Sinnwidrigkeit; er ist eine Vermischung von Realität
und Traum. Die Realität ist das damals stehende Fragment: der Garten in seiner reduzierten Ausführung, der mittlere Gartenflügel des
Palastes und die dahinter verlaufende, alte Stadtbefestigung; der
Traum ist die Vollendung des Palastes in seiner ursprünglichen Form.
In der Zeichnung wird nicht berücksichtigt, daß das eine das andere
ausschließt und der Palast in seiner ursprünglichen Gestalt vor der
Stadtmauer undenkbar ist. Von daher sind auch die Schaubilder verständlich, in denen man Abstrahierungen zu sehen hat: aus den Tuilerien, die ihren Sinn als den Louvre begleitender Palaestra-Palast
verloren haben, wird ein "Chateau" gemacht, zu dem das Attribut
des Wassergrabens gehört.

Ähnlich verhält es sich mit dem großen Grundriß. Es wurde in der
Grundrißbeschreibung festgestellt, daß die inneren Pavillons des
Gartenflügels in einem gewissen Widerspruch zum Grundrißkonzept
stehen: während man sonst (mit Ausnahme des Basilica-Saales) überall zwischen Zimmerflucht und Verdoppelung unterscheiden kann,
erscheinen sie als einheitliche, die ganze Flügeltiefe einnehmende
und jeweils ein vollständiges Wohnappartement enthaltende Bauteile;
darüber hinaus enden sie nach außen mit einer durchgehenden Brandmauer. Mit diesen Pavillons scheint Ducerceau einen realen Zug,
nämlich die Baugestalt, zu der man sich nach 1570 entschlossen hatte, als die große Anlage aufgegeben worden war, in den Idealgrundriß eingefügt zu haben.

Solange an der alten Stadtmauer festgehalten wurde, war jeglicher
Rückkehrversuch zum ursprünglichen Projekt illusorisch. Man konnte aber in den Zeiten kriegerischer Auseinandersetzung, in denen sich
Frankreich damals befand, nicht daran denken, die Stadtmauer Karls
V aufzugeben.

Im Jahre 1581 wurde die äußere Böschung des Grabens mit Mauerwerk befestigt. In diesem Datum darf man den Zeitpunkt erblicken,
von dem an die Verwirklichung des großen Tuilerienentwurfs aus
äußeren und inneren Gründen nicht mehr möglich war.

Der Tuilerientorso blieb lange Zeit außerhalb von Paris. Als man
unter Ludwig XIII daran ging, die neue Stadtbefestigung voranzutreiben und es dadurch möglich wurde, die alte Stadtmauer zu schleifen,
gehörte der Tuilerienplan Katharinas von Medici bereits der Vergangenheit an.

Die Verbindung von Louvre und Tuilerien erfolgte denn auch nach ganz
anderen Gesichtspunkten.

BIBLIOGRAPHIE

Ackermann, James S.: The cortile del Belvedere, Rom 1954

- The Belvedere as a classical villa, Journal of the Warburg and Courtauld Institutes XIV 1951, S. 7o ff.

- Sources of the Renaissance villa, Studies in western art II, Princeton 1963

Alberti, L. B.: De re aedificatoria, geschrieben 1452 - 67; zum ersten Mal gedruckt 1485; erste italienische Ausgabe 1546; erste französische Ausgabe 1553; übersetzt von Max Theuer, Leipzig 1912

Argan, G. C.: Sebastiano Serlio, l'Arte XXXV 1932, S. 183 - 99

- Il libro extraordinario di S. Serlio, Festschrift für Walter Friedländer, 1933, S. 213 - 34

Aulanier, Christiane: Histoire du palais et du musée du Louvre Paris

Bach, M.: Die illustrierten Vitruvausgaben des 16. Jhdts, Zeitschrift für Bücherfreunde IV, 19oo - o1

Batiffol, L.: Le Louvre et les plans de Lescot, Gazette des Beaux-Arts 191o I, S. 176 - 88

- Les travaux du Louvre sous Henri IV, Gazette des Beaux-Arts 1912 I, S. 173 - 9o und 417 - 35

- Les premières constructions de Pierre Lescot au Louvre d'après de nouveaux documents, Gazette des Beaux-Arts 193o II, S. 276 ff.

Berty, A.: La Renaissance monumentale en France, specimens de composition et d'ornementation, Paris 1864

- Topographie historique du vieux Paris, région du Louvre et des Tuileries, Paris 1866 - 68

- Les grands architectes francais de la Renaissance, Paris 186o

Biermann, H.: Das Haus eines vornehmen Römers, Giuliano da Sangallos Modell für Ferdinand I, König von Neapel, Sitzungsberichte der kunsthistorischen Gesellschaft Berlin, Heft 15, 1966 - 67 und Wiener Jahrbuch für Kunstgeschichte, Bd. XXIII 197o, S. 154 ff.

Blomfield, R.: A history of French architecture 1494 - 1661, London 1911

Blondel, Jacques Francois: Architecture francoise, Paris 1752

Blunt, Anthony:	Art and Architecture in France 15oo to 17oo, London 1953
-	Philibert de l'Orme, London 1958
-	The Hypnerotomachia Poliphili in the 17. c. in France, Journal of the Warburg and Courtauld Institutes 1937 - 38, S. 117 - 38
Bonnafé, E.:	Inventaire des meubles de Catherine de Médicis, Paris
Bonnardot, A.:	Etudes sur les anciens plans de Paris, Paris 1851
Brantôme, abbé de:	Vies des dames illustres, 1665 - 66
Brion-Guerry, L.:	Philibert de l'Orme, Mailand 1955
Castiglione, Baldesar:	Il cortegiano, 1528, übersetzt von Fritz Baumgart: das Buch vom Hofmann, Bremen 196o
Chartrou, J.:	Les entrées solennelles et triomphales de la Renaissance, 1928
Charvet, L.:	Sébastien Serlio, Lyon 1869
Chastel, André:	La demeure royale au XVIe siècle et le nouveau Louvre, Studies in Renaissance and Baroque Art presented to Anthony Blunt, 1967
Christ, Yvan:	Le Louvre et les Tuileries, Paris 1949
Clausse, G.:	Les sangallo, Paris 19o1
Clouzot, H.:	Philibert de l'Orme, Paris 191o
Colombier, Pierre du:	Jean Goujou et le Vitruve de 1547, Gazette des Beaux-Arts 1931, S. 155 - 78
-	Le sixième livre retrouvé de Serlio et l'architecture francaise de la Renaissance, Gazette des Beaux-Arts 1934
-	L'habitation au XVIe siècle d'après le sixième livre de Serlio, Humanisme et Renaissance 1934 - 35
Colonna, Fra Francesco:	Poliphili Hypnerotomachia, geschrieben 1467, gedruckt 1499, erste französische Ausgabe 1546
Coope, Rosalys:	Le chateau de Montceaux-en-Brie, Journal of the Warburg and Courtauld Institutes XXII 1959, S. 71 ff.
Cossé Brissac, Ph. de:	Chateaux de France disparus, Paris 1947
Curtius, E. R.:	Europäische Literatur und lateinisches Mittelalter, 1947
Dézallier d'Argenville, A. N.:	Vies des plus fameux architectes et sculpteurs, Paris 1787

Dimier, Louis:	Le Primatice, peintre, sculpteur et architecte des rois de France, Paris 19oo
-	Bernard Palissy aux Tuileries, Mémoires de la Société des Antiquaires de France 78, 1934
-	Bernard Palissy roccailleur, fontenier et décorateur de jardins, Gazette des Beaux-Arts VI 12, 1934, S. 13 ff.
Dinsmoor, W. B.:	The literary remains of Sebastiano Serlio, Art Bulletin 24, 1942, S. 55 ff.
Ducerceau, Jacques I Androuet:	Les plus excellents bâtiments de France, Paris 1576 und 1579
-	Les trois livres d'architecture, Paris 1559, 1561, 1582
Dufour, Valentin:	Bibliographie artistique, historique et littéraire de Paris avant 1789, Paris 1882
-	Collection des anciennes descriptions de Paris, Paris 188o
Dumolin, Maurice:	Quelques nouveaux documents sur le Louvre de Lemercier et de Levau, Gazette des Beaux-Arts 1928 II, S. 123. 48
-	Etudes de topographie parisienne, Paris 1929
Ebhardt, Bodo:	Die zehn Bücher der Architektur des Vitruv und ihre Herausgeber seit 1484, Berlin 1918
Egger, Hermann:	Entwürfe B. Perruzzis für den Einzug Karls V in Rom, Jahrbuch der kunsthistorischen Sammlungen des allerhöchsten Kaiserhauses, XXIII 19o2
Ehrmann, Jean:	Drawings by Antoine Caron for the Valois tapestries in the Uffizi, Art Quaterly 1958, S. 47 ff.
Fabriczy, Cornel von:	Handzeichnungen Giuliano da Sangallos, Stuttgart 19o2
Faucheux, L. E.:	Catalogue raisonné de toutes les estampes qui forment l'oeuvre d'Israel Sylvestre, Paris 1857
Félibien, André:	Les divertissements de Versailles donnez par le Roy à toute sa cour au retour de la conqueste de la Franche Comté en l'année 1674, Paris 1674
Ferrière, Hector de la:	Lettres de Catherine de Médicis, Paris
Filarete:	Trattato dell'architettura, geschrieben 1455 - 64, gedruckt erst 189o
Fillon, B.:	Les oeuvres de maître Bernard Palissy, Niort 1888
Forssman, E.:	Säule und Ornament, Stockholm 1956
-	Palladios Lehrgebäude, Stockholm 1965

Frommel, C. L.:	Die Farnesina und Peruzzis architektonisches Frühwerk, Berlin 1961
Ganay, Ernest de:	Les jardins de France et leur décor, Paris 1949
–	Chateaux de France, Paris 1948 - 5o
Gébelin, Francois:	Les chateaux de la Renaissance, Paris 1927
–	Les chateaux de la Loire, Paris 1927
–	Le style Renaissance en France, Paris 1942
–	Les chateaux de France, Paris 1962
Geymüller, Heinrich von:	Quelques oeuvres des Sangallo, Mémoires de la Société Nationale des Antiquaires de France, 1885, S. 222
–	Les Ducerceau, Paris, London 1887
–	Die Baukunst der Renaissance in Frankreich, Stuttgart 1898 - 19o1
Giorgio, Francesco di:	Trattato d'architettura civile e militare, geschrieben 1456 - 77, gedruckt erst 1841, Trattati di Francesco di Giorgio Martini, Mailand 1967
Giovanni, G.:	Antonio da Sangallo il Giovane, Rom 196o
Girardet, R.:	Manière de montrer les jardins de Versailles par Louis XIV, Paris 1951
Gombrich, E.:	Zum Werk Giulio Romanos, Jahrbuch der kunsthistorischen Sammlungen in Wien nF IX, 1935, S. 121 ff.
Gothein, M. L.:	Geschichte der Gartenkunst, Jena 1914
Grapaldi, Francesco Maria:	De partibus aedium, Parma, 1494
Grayson, Cecil:	The composition of L. B. Albertis decem libri de re aedificatoria, Münchner Jahrbuch 196o
Grimal, Pierre:	L'art des jardins, Paris 1954
Gromort, Georges:	Histoire abrégée de l'architecture de la Renaissance en France, Paris 193o
–	L'art des jardins, Paris 1953
Haupt, A.:	Baukunst der Renaissance in Frankreich und Deutschland, Handbuch der Kunstwissenschaft, Berlin 1923
Hauser, Henri:	Les sources de l'histoire de France au XVIe siècle, Paris 1912 - 16

Hautecoeur, Louis:	Le Louvre de Pierre Lescot, Gazette des Beaux-Arts 1927 I, S. 199 - 218
-	Le Louvre et les Tuileries de Louis XIV, Paris 1927
-	Histoire du Louvre, Paris o. J.
-	Histoire de l'architecture classique en France, Paris ab 1943
-	Les jardins des Dieux et des hommes, Paris 1959
Hellmann, Günter:	Proportionsverfahren des Francesco di Giorgio Martini, Miscellanea Bibl. Hertz. Bd. XVI, 1960
Héritier, Jean:	Catherine de Médicis, Paris 1959
Heydenreich, L. H.:	Leonardo da Vinci architect of Francis I, Burlington Magazine XCIV 1952
Hillairet, Jacques:	Dictionnaire historique des rues de Paris, Paris
-	Le palais royal et impérial des Tuileries et son Jardin, Paris 1965
Hoffbauer, M. F.:	Paris à travers les Ages, Bd. II, Paris 1885
Hoffmann, Hans:	Hochrenaissance, Manierismus, Frühbarock, Zürich und Leipzig 1938
Huelsen, Christian:	Il libro di Giuliano da Sangallo, Leipzig 1910
-	Le illustrazioni della Hypnerotomachia di Polifilo e le antichità di Roma, Florenz 1910
James, Francois-Charles:	Architecture classique, Bulletin Monumental 1968, darin Besprechung von Tony Sauvel, la date et l'auteur du dessein du Louvre, S. 181 - 83
Junecke, Hans:	Montmorency, der Landsitz Charles Le Brun's, Berlin 1960
Kent, W. W.:	The life and works of B. Peruzzi, New York 1925
Krautheimer, R.:	Alberti and Vitruvius, Acte of the twentieth international congress of the history of art, Princeton 1963, Bd. II, S. 42 ff.
Laborde, Léon de:	La Renaissance des Arts à la cour de France, Paris 1850 - 55
-	Les comptes des bâtiments du roi, 1528 - 1571, Paris 1877 - 80
Langenskiöld, E.:	M. Sammicheli, Uppsala 1938
Lavedan, Pierre:	Histoire de l'urbanisme, Paris 1941

Lavedan, Pierre:	L'Architecture francaise, Paris 1944
Lefranc, A.:	Philibert de l'Orme, grand architecte du roi Mégiste, Revue du XVIe siècle IV 1916, S. 142 ff.; 1917, S. 175 ff.; 1919, S. 243 ff.
Lemonnier, Henry:	Philibert de l'Orme, Revue de l'art ancien et moderne III 1898, S. 124 - 34
-	Jean Goujon et la salle des Cariatides, Gazette des Beaux-Arts 1906 XXXV, S. 185 - 92
Lotz, Wolfgang:	Die ovalen Kirchenräume des Cinquecento, Römisches Jahrbuch für Kunstgeschichte VII, 1955
-	Architecture in the later 16. century, College Art Journal XVII 2, 1958
-	Mannerism in architecture: changing aspects, Studies in western art, Princeton 1963
Lowry, B.:	High Renaissance architecture, College Art Journal XVII 2, 1958
Lübke, Wilhelm:	Geschichte der Renaissance in Frankreich, Stuttgart 1868
Lukomski, G.K.:	I maestri della architettura classica da Vitruvio allo Scamozzi, Mailand 1933
Marcel, Pierre:	Jean Martin, Paris 1927
Marchini, Giuseppe:	Giuliano da Sangallo, Florenz 1942
Marie, Alfred:	Jardins francais crées à la Renaissance, Paris 1955
Mariéjol, J.H.:	Catherine de Médicis, Paris
- in: E. Lavisse:	Histoire de France, Paris 1904 - 1906 Bd. V, II und VI, I
Marot, Jean:	L'architecture francoise, Paris 1670
-	Recueil des plans, profils et élévations de plusieurs palais, chateaux, églises, sépultures, grotes et hostels bastis dans Paris, 1660 - 70
Mauban, A.:	Jean Marot, Paris 1944
Michalski, F.:	Das Problem des Manierismus in der italienischen Architektur, Zeitschrift für Kunstgeschichte II 1933, S. 88 ff.
Michel, P.H.:	Un idéal humain au XVe siècle, la pensée de L. B. Alberti, Paris 1930

Montaiglon, A. de:	Jean Bullant, architecte des Tuileries, Archives de l'Art francais Bd. V, 1857 - 58, S. 1 - 13
-	Bernard Palissy, payements de la grotte de terre émaillée des Tuileries, Archives de l'Art francais Bd. V, 1857 - 58, S. 14 ff.
Mourey, G.:	Le livre des fêtes francaises, 1930
-	Les fêtes de la Renaissance, Centre national de la recherche scientifique, Paris 1957 - 60
Murray, Peter:	The architecture of the italian Renaissance, London 1963
Nizet, C.:	Les dessins de Philibert de l'Orme de la collection Lechevallier-Chevignard, L'Architecture XV 1902, S. 268 ff.
Oettingen, W. von:	Antonio Filaretes Traktat über die Baukunst nebst seinen Büchern von der Zeichenkunst und den Bauten der Medici, Wien 1890
l'Orme, Philibert de:	Le premier tome de l'architecture, Paris 1567
-	Nouvelles inventions ..., Paris 1561
Palissy, Bernard:	De la ville forteresse, La Rochelle 1563
-	Récepte véritable par laquelle tous les hommes de France pourront apprendre à multiplier et augmenter leurs trésors ..., La Rochelle 1564
-	Architecture et ordonnance de la grotte rustique de Monsieur le duc de Montmorency, La Rochelle 1563
Palladio, Andrea:	Quattro libri dell'architettura, Fac-simile Ausgabe U. Hoepli, Mailand 1968
Palustre, Léon:	La Renaissance en France, Paris 1879, 1881, 1885
-	L'architecture de la Renaissance, Paris 1892
Patzak, B.:	Die Villa Imperiale in Pesaro, Leipzig 1908
-	Palast und Villa in Toskana
Pedretti, C.:	A chronology of Leonardo da Vincis architectural studies after 1500, Genf 1962
Pevsner, N.:	The architecture of mannerism, The Mint, London 1946
Pfnor, R. et J.J. Champollion-Figeac:	Monographie du palais de Fontainebleau, Paris 1863
Poète, Marcel:	Les origines de la donnée triomphale dans l'art urbain à Paris, Gazette des Beaux-Arts 1923 II, S. 90 ff.

Puppi, Lionello:	Michele Sanmicheli, architetto di Verona, Padua 1971
Quatremère de Quincy:	Encyclopédie méthodique d'Architecture, Paris 1788
Reumont et Baschet:	La jeunesse de Catherine de Médicis
Richter, J. P.:	The literary works of Leonardo da Vinci, London und New York 1939
Rouyer et Darcel:	L'Art architectural en France de Francois I à Louis XVI, Paris 1866 - 67
Roy, Maurice:	Artistes et monuments de la Renaissance en France, Paris 1929 - 34
Saalman, H.:	Early Renaissynce architectural theory and practice in A. Filarete's Trattato dell'architettura, Art Bulletin XLI 1959, S. 13 ff.
Saunier, Charles:	Sur certains livres d'architecture du XVIe siècle, Archives de l'art francais, nouv. pér. VII, 1913
Sauvageot, C.:	Palais, chateaux, hotels et maisons de France, du XVe au XVIIIe siècle, Paris 1867
Sauval, Henri:	Histoire des antiquitez de la ville de Paris, geschrieben 1669, gedruckt Paris 1724
Sauvel, Tony:	La date et l'auteur du dessein du Louvre, Bulletin de la Société Nationale de Antiquaires de France, 1966
-	Recherches sur les ressources dont Catherine de Médicis a disposé pour construire les Tuileries, Bulletin de la société de l'Histoire de l'Art francais 1967
Schlosser, Julius von:	Die Kunstliteratur, Wien 1924
Schreiber, F.:	Die französischen Renaissance-Architektur und die Poggio Reale-Variationen des Serlio, Berlin 1939
Serlio, Sebastiano:	Tutte l'opere d'architettura, Venedig 1584
Silvestre, E. de:	Israel Sylvestre et ses descendants, Paris 1869
Swoboda, Karl M.:	Römische und romanische Paläste, Wien 1924
Tafuri, Manfredo:	L'architettura del Manierismo nel Cinquecento europeo, Rom 1966
Thou, Jacques Auguste de:	J.A. Thuani de vita sua commentarorum libri VI, Paris 16o9 - 14
Toesca, Ilaria:	Les dessins de Jacques Androuet Ducerceau l'ainé à la bibliotheque du Vatican, Burlington Magazine XCVIII 1956, S. 153 - 57

Tourasse, L. de la:	La chateau neuf de St Germain en Laye, Gazette des Beaux-Arts 1924 I, S. 68 ff.
Vitry, Paul:	Jean Goujon, Paris o. J.
−	L'Architecture de la Renaissance en France, in: André Michel, Histoire de l'art, Bd. IV, 1911

Vitruv:	Zehn Bücher über die Baukunst, 1486 zum ersten Mal gedruckt. Ausgaben des
	    Fra Giocondo, Venedig 1511
	    Cesare Cesariano, Como 1521
	    Daniele Barbaro, Venedig 1556
	    Jean Martin, Paris 1547
	übersetzt durch Curt Fensterbusch, Darmstadt 1964

Wittkower, R.:	Michelangelos Laurenziana, Art Bulletin 1934
−	Architectural principles in the age of humanism, London 1967
Ward, W. H.:	French chateaux and gardens, London 19o9
−	Architecture of the Renaissance in France, London und New York 1926
Weege:	Das goldene Haus des Nero, Archäologisches Jahrbuch 1913, S. 127 ff.
Zürcher, Richard:	Stilrpobleme der italienischen Baukunst des Cinquecento, Basel 1947

ANMERKUNGEN

Zu Kapitel I.

1) A. Berty, Topographie historique du vieux Paris, région du Louvre et des Tuileries, Paris 1866 - 68. Bd. II, S. 9: "Dans le second volume des 'plus excellents bastimens de France', publié en 1579, la planche de Ducerceau est évidemment très inexacte dans ses détails; mais, comme nous ne sommes point absolument certain des corrections qu'il conviendrait d'y apporter, nous avons préféré la reproduire telle qu'elle a été gravée, sauf en ce qui concerne les parties réellement bâties."

2) A. Blunt, Philibert Delorme, London 1958, S. 88 ff.

3) Die Richtigkeit einer solchen Beschreibung, die zwischen Zimmerflucht und Verdoppelung unterscheidet, wird durch Ducerceaus eigenen, erläuternden Text verbürgt, der den mittleren Gartenflügel folgendermaßen charakterisiert: "Aber es ist erst ein doppelter Flügel aufgeführt, der zwei Fassaden besitzt, wobei dieser Flügel aus einzelnen Wohnräumen und einer Galerie besteht, die zusammengebunden sind" (mais il n'y a encor qu'un corps double eslevé, portant deux faces, servant iceluy corps de membres de commoditez, et d'une gallerie ioincts ensemble).

4) A. Blunt, a.a.O., Fig. 27, S. 97

5) Grundriß in Delorme, Architecture, Fol. 17 v; abgebildet in A. Blunt, a.a.O., Fig. 4, S. 23

6) abgebildet in A. Blunt, a.a.O., Abb. 54, 55

7) abgebildet in A. Blunt, Art and Architecture in France, Fig. 12, S. 121

8) abgebildet in B. Patzak, Palast und Villa in Toscana, Bd. II, Abb. 131, S. 1o8

9) Die Peruzzi-Skizze abgebildet in Stegmann-v.Geymüller, Architektur der Renaissance in Toskana, Bd. IV, Fig. 4o, S. 16; die Serlio-Wiedergabe im III. Buch, S. 147; die Frommel-Rekonstruktion in C. L. Frommel, die Farnesina und Peruzzis architektonisches Frühwerk, Berlin 1961, Abb. 16, S. 93

1o) Fensterbusch, S. 283

11) Theuer, S. 273

12) im III. Buch, S. 148 - 149

13) abgebildet in Gébelin, Chateaux de la Renaissance, S. 69

14) abgebildet in Gébelin, a.a.O., S. 164

15) abgebildet in A. Blunt, Delorme, Fig. 34, S. 123

16) Les trois livres d'Architecture de Jacques Androuet Ducerceau, Facsimile-Ausgabe von Gregg Press Inc. 1965

17) siehe Paolo Portoghesi in Quaderni dell'istituto di storia dell'architettura, Università di Roma, 6. August 1954

18) abgebildet in Louis Hautecoeur, Histoire du Louvre, Fig. 75, S. 58

19) Siehe dazu Hartmut Biermann, das Haus eines vornehmen Römers: G. da Sangallos Modell für Ferdinand I, König von Neapel, in: Sitzungsberichte der kunstgeschichtlichen Gesellschaft, Berlin 1966/67, und in: Wiener Jahrbuch für Kunstgeschichte, Bd. XXIII 197o, S. 154 ff., dem ich hier weitgehend folge.

2o) Fensterbusch, S. 283

21) Siehe Hamberg, in: Palladio VIII 1958, S. 15 ff.

22) abgebildet in R. Wittkower, architectural principles in the age of humanism, London 1967, Fig. 26 c

23) Francesco di Giorgio Martini, Trattato di Architettura, herausgegeben von Renato Bonelli und Paolo Portoghesi, Bd. III Mailand 1967, Tafeln 197 ff.

24) Fol. 61 v, 62 r und 67 des Exemplars der Handschriftenabteilung der Staatsbibliothek München. Fac-Simile-Ausgabe von Marco Rosci, 1966

25) abgebildet in A. Blunt, Art and Architecture in France, Fig. 9, S. 99

26) abgebildet in Hautecoeur, a.a.O., Fig. 64, S. 52

27) abgebildet in Hautecoeur, a.a.O., Fig. 74, S. 58

28) abgebildet in Hautecoeur, a.a.O., Fig. 76, S. 59

29) abgebildet in K. Noehles, die Louvre-Projekte von Pietro da Cortona und Carlo Rainaldi, in Zeitschrift für Kunstgeschichte 1961, S. 4o - 74, Fig. 21 und 22

3o) abgebildet in A. Blunt, Art and Architecture in France, Fig. 7, S. 5o

31) abgebildet in A. Blunt, Philibert Delorme, Abb. 36 a, b

32) abgebildet in A. Blunt, a.a.O., Fig. 8, S. 31

33) Siehe darüber: Hans Junecke: Montmorency, der Landsitz Charles Le Brun's, Berlin 196o, S. 51 ff. und Abb. 19, dem ich hier folge.

34) abgebildet in Gébelin, a.a.O., S. 55

35) abgebildet in Gébelin, a.a.O., S. 1o8

36) abgebildet in Ducerceau II

Zu Kapitel II.

1) "Et perho in quisti loci si exercevano le persone de ogni sorte chi placide et chi furibunde a giocare: chi a le braze ut dicimus ab imitatione ursorum, chi a giochare de spade et de lance, chi a saltare, balare, chi a trare con li archi et balestre, et chi in li stadii a far correre li caballi et oppugnare a pede et a caballo et in ogni sorte de la arte apertinente praecipue a la militia, como etiam dicitur si usa in alcune civitate del Asia et etiam in Germania. Dopoi in le varie generatione musicale de cantici et soni, con varii instrumenti, non mancho in le varie scientie opportune le docti philosophi et altri sapienti in li gymnasii ..."

2) E. R. Curtius, Europäische Literatur und lateinisches Mittelalter, 1947, S. 186

3) Baldesar Castiglione, Das Buch vom Hofmann, übersetzt von Fritz Baumgart, Bremen 1960

4) Buch I, Kapitel 52 bis 58. Übersetzt von Walter Widmer. Rencontre-Ausgabe Bd. 1, S. 274 - 295

5) Siehe A. Blunt, a.a.O., S. 7 ff. und Fig. 2

6) Fensterbusch, S. 249

7) Les plans et les descriptions de deux des plus belles maisons de campagne de Pline le consul, par Mr Félibien des Avaux, Amsterdam 1706

8) Theuer, S. 272/73

9) Darauf hat H. Biermann, a.a.O., bereits aufmerksam gemacht.

10) Übersetzung von L. Schorn und E. Förster, 1843, Bd. III, S. 167

11) abgebildet in Y. Christ, Le Louvre et les Tuileries, Abb. 22, S. 27

12) Jean Ehrmann, Drawings by Antoine Caron for the Valois tapestries in the Uffizi, Art Quaterly 1958, S. 47 ff.

13) "C'est la déduction du somptueux ordre, plaisants spectacles et magnifiques théatres dressés et exhibés par les citoyens de Rouen à la sacrée majesté du très chrétien Roy de France Henry second leur souverain seigneur, et à très illustre dame, ma Dame Katharine de Médicis, la Royne son épouse ..." Rouen 1551, Bibliothèque Nationale Rés, Lb 31.25

14) "Afin qu'en icelluy la majesté dudit seigneur put recevoir l'obéissance, offres et requêtes des habitants et voir passer l'ordre des bandes, chars triomphants et trophées qui avoient été préparés et érigés à l'honneur d'icelluy afin de perpétuer la mémoire de ses vertus héroiques, grandeur de ses richesses et actes mémorables dont sa très illustre personne est plus qu'humainement douée".

15) abgebildet in Y. Christ, a.a.O., Abb. 4o, S. 38

16) Darüber siehe W. Lotz, Die ovalen Kirchenräume des Cinquecento, Römisches Jahrbuch für Kunstgeschichte VII, 1955

17) zit. nach W. Lotz

18) Siehe W. Lotz, a.a.O., Abb. 47

19) Discours du songe de Poliphile, Pariser Ausgaben 1546, 1551, 1554, 1561. "Sur ces entrefaictes nous arrivasmes aux baingz qui étoient un merveilleux édifice. C'estoit une place octogone, c'est à dire de huict angles ou pans, au dehors de laquelle y avoit deux pilliers assiz sur un mesme piedestal qui commencoit à nyveau du pavé et environnoit tout le pourpris. Iceux pilliers sortoient de la muraille une tierce partie de leur largeur et estoient anrichiz de beaux chapiteaux, dessus lesquelz regnoient l'architrave, frize et corniche. En la frize estoient entaillez des petits enfants nudz, tenant ceinctures ou cordons ausquels pendoient de beaux festons, autrement trosseaux de verdure. Sur la cornice estoit posée la retube, qui est une voulte ronde à cul de four, mais faicte de forme octogone pour correspondre au reste du bastiment. Ses faces estoient percées à jour, en fueillages de diverses inventions ... Par le dedans, cet edifice estoit pareillement octogone, environné tout autour de sièges, enforme de quatre marches de jaspe et de chalcedoine. Les deux plus bas degrez couvertz de l'eau tiede jusques pres le bord du troisième. A chacun des huict angles y avoit une colonne ronde corinthienne de jaspe meslée de toutes les espèces de coleur, assises sur le quatrième degré qui leur servoit de piedestal".

2o) V, 17, Theuer, S. 272 - 73: "Innerhalb der Tore werden unter den Räumlichkeiten, welche für mehrere bestimmt sind, Wandelbahnen, Fahrbahnen, Schwimmbassins und sowohl grünbewachsene, als auch sandige Plätze nicht fehlen ..."

21) "Dopoi per requiare li lor corpi stanchi in epse lutatione haveano il loco de li balnei ..."

22) " ... et natatoires, avecques les bains mirifiques à triple solier bien garniz de tous assortements et foyson d'eau de myre".

23) "Après elles fermerent les portes qui estoient de metal doré, faict à fueillage, aussi percé a jour comme la voulte et le vuyde rempli de lames de cristal, qui rendoit une clairté de plusieurs diverses coleurs, donnant ceste lumiere aux baingz".

24) "Ces figures icy se mettent après le huitième livre".

25) Siehe Ernest de Ganay, Les jardins de France et leur décor, Paris 1949, S. 17

26) Siehe Gébelin, a.a.O., Anet, Anm. 53

27) A. Berty, a.a.O., Bd. II, S. 42 ff.: "S'il plaisoit à la Royne me commander une grotte, je la vouldrois faire en la forme d'une grande caverne d'un rochier; mais, afin que la grotte fust délectable, je la vouldrois aorner

des choses qu'il s'ensuyt: et premièrement, audedans de l'entrée de la
porte, je vouldrois faire certaines figures de termes divers, lesquelz
seroient posèz sur certains pieds d'estratz pour servir de colonne, et,
au dessus des testes desdicts termes, il y auroit certains arquitrave, frise
et cornische, timpans et frontespice, et le tout insculpé d'une telle invention
que je vous feray entendre cy-après; et les deux costés du longis de la
muraille, à dextre et à sénestre, je vouldrois qu'il fust tout garny de niches
que aulcuns appellent doulciers, lesquelles nyches ou doulcyers serviroient
un chascun d'une chaire; entre lesquelles niches il y auroit un pilastre et
une colonne faisant la division des deux niches mais audessoubz d'une
chascune colonne il y auroit un pied d'estratz en ensuivant l'ordre des
antiques, et le tout enrichy en la manière que je vous diray par apres. Et
quant au pignon qui seroit à l'aultre bout de la grotte, je vouldrois l'enrichir
de plusieurs termes, lesquelz seroient portez sur en rochier qui contiendroit
toute la largeur de la grotte, et de la haulteur aultant qu'un homme pourroit
toucher de la main, duquel rochier sortiroient plusieurs pissures de fontaines
en la manière que je vous diray ci-après; et au dessus des testes des termes
il y auroit une arquitrave, frise et cornische, qui régneroit tout à l'entour
de ladicte grotte, et audessus de la cornische ily auroit, tout à l'entour, un
grand nombre de fenestres, qui monteroient jusques à un pied près du
commencement des voultes, lesquelles fenestres seroient fort estranges,
comme pourrez entendre ci-après. Aussi je vous feray entendre cy-après
le discours des voultes; mais premièrement je vous veulx fère entendre
l'enrichissement et beauté des choses que je vous ay nommé ci-dessus. De
la beauté et aornement de la grotte.

Notez que le grand rochier, qui seroit au pignon opposite du portal, seroit
insculpé par un nombre infini de bosses et de concavités, lesquelles bosses
et concavités seroient enrichies de certaines mousses et de plusieurs espèces
d'herbes qui ont accoustumé croistre ès rochiers et lieux aquatiques, qui
sont communément escolopandre, adienton, politricon, cappilis veneris,
et aultres telles espèces d'herbes que l'on adviseroit estre convenables;
et, depuis le tiers du rochier en haut, je vouldrois mettre plusieurs lézars,
langrottes, serpens et vipères, qui ramperoient au long dudict rochier, et
le surplus dudict rochier seroit aorné et enrichy d'un nombre infini de
grenoilles, escrevisses, tortues et yraignes de mer, et aussi de toutes
espèces de coquilles maritimes; aussi sur les bosses et concavités il y
auroit certains serpens, aspicz et vipères couchez et entortillez en telle
sorte que la propre nature enseigne, et au bas, joignant ledict rochier, il
y auroit un foussé contenant la largeur de ladicte grotte, lequel foussé
seroit tout entièrement aorné de toutes les espèces de poisson que nous
avons en usaige, lequel poisson seroit ordinairement couvert d'un nombre
infiny de pissures d'eau qui tomberoient dudict rochier dans le foussé,
tellement que les pissures qui tomberoient feroient mouvoir l'eau du foussé,
et, par certains éblouissemens ou mouvemens de l'eau, on perdroit de veue
par intervalles le poisson, en telle sorte que l'on penseroit que ledict
poisson se fust demené ou couru dans ladicte eau; car il faut entendre que

toutes ces choses cy-dessus seroient insculpées et esmaillées si près du
naturel qu'il est impossible de la racompter. Et quant aux termes qui
seront assis sur le rochier des fontaines, il y en auroit un qui seroit comme
une vieille estatue mangée de l'ayr ou dissoulte à cause des gelées, pour
démonstrer plus grande antiquité ...

Et quant aux niches, colonnes, pieds d'estracs et pilastres, je les vouldrois
fère de diverses couleurs de pierres rares, comme sont pourphires, jaspes,
cassidoines et de diverses sortes d'agates, marbres, grisons madrez, en
imitant les natures les plus plaisantes qui se pourroient fère et imaginer.
Et quant aux deux quadratures qui seroient à la dextre et sénestre de l'entrée
de la porte, s'il plaisoit à la Royne mère, je y vouldrois fère certaines
figures après le naturel, voire de si près imitant la nature, jusqu'aux
petits poils des barbes et des sourcils, de la mesme grosseur qui est en
la nature, seroient observez. Et quant aux fenestres qui régneroient à
l'entour, elles seroient d'une invention fort monstrueuse et beauté indicible;
car je les vouldrois fère fort longues, estroites et biaises, ne tenant aulcune
ligne perpendiculaire ne directe; car elles seroient formées comme si un
rochier avoit esté couppé indirectement pour passer un homme, en telle
sorte que les fenestres se trouveroient biaises, tortues, bossues et contre-
faictes; et néanmoins elles seroient aornées, insculpées, madrées et jaspées
de toutes les beautés dessus dictes. Et quant aux voultes, elles seroient
tortues, bossues et enrichies de semblable parure que dessus; et tout ainsi
que l'on voit ez vieulx bastimens que les pigeons, grolles, arondelles,
fouynes et bellètes font leur nydz, je vouldrois aussi insculper plusieurs de
telles espèces d'animaulx ausdictes voultes. Et quant au pavement du dessous,
je le vouldrois fère d'une invention toute nouvelle, non moins admirable
que les aultres choses que dessus. Aussi parce qu'il y auroit une table de
mesme matière, je vouldrois aussi lui fère un buffet de semblable parure,
lequel je vouldrois asseoir joignant les fontaines.

Demande: Et si vous vouliez édifyier un tel bastiment en un lieu qu'il n'y
eust poinct d'eau, que vous serviroient vos fontaines?

Response: Encores pourroient-elles servir beaucoup, parce que, si l'on
vouloit banqueter en ce lieu, l'on pourroit fère pisser les fontaines durant
le banquet, et ce par certaine quantité d'eau que l'on mectroit en un canal
secret qui seroit par le dehors de la grotte."

28) Louis Dimier, Bernard Palissy, Roccailleur, Fontenier et décorateur de
jardins, in Gaz. d. Beaux-Arts VI 12, 1834, S. 14: "A Bernard, Nicolas
et Mathurin Palissy, sculpteurs en terre, la somme de quatre cents livres
tournois ... sur et tant moins de la somme de deux mille six cents livres
tournois, pour tous les ouvrages de terre cuite émaillée qui resteront à
faire pour parfaire et parachever les quatre pons au pourtour de la grotte
encommencée pour la reine en son palais à Paris".

29) in Archives de l'art francais, Tome V Paris 1857 - 58, S. 14 ff.

30) a.a.O.

31) Siehe Hans Junecke, a.a.O., S. 89 - 9o; abgebildet in R. Girardot, Manière de montrer les jardins de Versailles par Louis XVI, Paris 1951

32) abgebildet bei Girardot, a.a.O.

Zu Kapitel III.

1) Henri Sauval, Histoire et recherches des antiquités de la ville de Paris, Paris 1724, Bd. II, S. 54: "Delorme mourut avant que de l'achever; après sa mort, pas un architecte du royaume, ni géomètre, n'osa le continuer. Boullet maître macon fut le seul qui se vanta d'avoir trouvé le trait du déffunt; sur cela Henri IV lui en ayant abandonné la conduite, tout ce qu'il a fait a été de finir de mauvaise grâce le miracle de la coupe des pierres."

2) H. Sauval, a.a.O., S. 54

3) V, XXIII, Fol. 155 v: "je ne passerai outre sans vous avertir que j'ai choisi le présent ordre ionique, entre tous autres, pour orner et illustrer le palais, lequel la Majesté de la Royne Mère du Très-chrétien Roy Charles IX de ce nom, fait aujourd'hui bastir en cette ville de Paris, sous ses ordonnances et desseins ... J'ai voulu accommoder le présent ordre à sondit palais, pour autant qu'il n'est guère usité et qu'encore peu de personnes l'ont mis en oeuvre aux bastiments avec colonnes. Plusieurs en ont bien patrouillé quelque chose en bois pour des portes, mais ils ne l'ont encore bien connu ni représenté. L'autre raison pourquoi j'ai voulu figurer et naturellement représenter ledit ordre ionique au Palais de la Majesté de la Royne, c'est pour autant qu'il est féminin et a été inventé d'après les proportions et ornements des Dames et Déesses, ainsi que le dorique des hommes, comme m'ont appris les Anciens ... Je me suis donc justement voulu aider au susdit palais de la Majesté de la Royne de l'ordre ionique comme étant délicat et de plus grande beauté que le dorique et plus orné et enrichi de particularités ... Mais cestuy-ci (l'ordre ionique) est pour édifier un palais ou chateau de plaisir et donner contentement aux princes et grand seigneurs, comme aussi l'ordre corinthien ..."

4) Garten der Tuilerien und Ecole des Ponts et Chaussées, abgebildet in A. Blunt, a.a.O., Abb. 6o, 61

5) Siehe darüber A. Blunt, a.a.O., S. 118 ff.

6) Les plus excellents bâtiments de France, Bd. II

7) Gébelin, a.a.O., Gaillon, Anm. 38

8) Les plus excellents bastiments de France, Bd. II, abgebildet in Ernest de Ganay, Les jardins de France et leur décor, Paris 1949

9) Jean Ehrmann, a.a.O.

10) abgebildet in Rodolphe Pfnor et J. J. Champollion-Figeac, Monographie du palais de Fontainebleau, Paris 1863, Bd. I

11) Viollet-le-Duc erklärt in seinem Dictionnaire raisonné de l'Architecture unter dem Stichwort "chateau" (Bd. III, 1859, S. 188 - 89) die Fensterbahn als aus technischen Notwendigkeiten entstanden: als man zu Beginn des 16. Jhdts anfing, die Türme der alten Burgen in einem breiten Umfang zu durchfenstern, um sie bewohnbar zu machen, erwies es sich als unmöglich, da sie aus massiv zusammenhängendem Mauerwerk bestanden, in das stockwerkweise Holzböden auf Balken eingebaut waren, die Fenster einzeln zu durchbrechen; man half sich damit, daß man im Mauerkörper durchgehende vertikale Einschnitte vornahm, in die die Fenster übereinander, in einem lotrechten Verband eingesetzt wurden.

12) abgebildet in Gébelin, a.a.O., Abb. 11 - 14

13) abgebildet in Gébelin, a.a.O., Abb. 54

14) abgebildet in Gébelin, a.a.O., Abb. 35 - 37

15) abgebildet in E. Langenskiöld, Sanmicheli, Upssala 1938, P. 12 und L. Puppi, Sanmicheli, Padua 1971, S. 119

16) abgebildet in Langenskiöld, a.a.O., P. 21 und Puppi, a.a.O., S. 64

17) "Quant à la hauteur, i'ay toujiours cogneu par expérience que pour rendre un logis fort plaisant, la hauteur des fenestres croisées doit estre en arrière-vousure fort près des planchers ou solives, comme d'un demy pied, ou environ: autrement si le derrière des fenestres demeure beaucoup plus bas que les solives, comme de deux pieds, de trois, de six, ou plus, ainsi qu'il se void au chasteau du Vergier, et à assez d'autres lieux, cela rend les salles mélancholiques: Pource est'il qu'on doit tenir lesdites fenestres plus hautes que faire se peut, si l'on veut que les lieux soient plaisants. Vous pouvez voir presque tel discours en l'unzième chapitre du second livre de nostre nouvelle invention, où je parle des fenestres croisées pour appliquer avec la charpenterie nouvelle. Car au lieu où c'est qu'on en voudra user, il faut toujiours tenir les fenestres plus hautes que l'arrachement ou commencement des poutres".

18) "Quelques-uns pourront penser, après avoir leu ce que i'ay escrit des faces des bastiments, pour montrer la disposition des fenestres, que ie les voudrois contraindre, ou bien assubjectir, de mettre des colomnes et piliers aux faces des maisons, ce que ie ne prétens aucunement".

19) abgebildet in A. Blunt, a.a.O., Fig. 5

20) abgebildet in A. Blunt, a.a.O., Fig. 17

21) F. Forssman, a.a.O., S. 187: "Indem die manieristische Architektur die Fiktion des tragenden Gerüstes aufgibt, ergibt sich als weitere Folge die Verselbständigung und Austauschbarkeit der Glieder (Zürcher). Ein und dasselbe Glied kann gleichzeitig in verschiedene Zusammenhänge treten,

je nachdem, wie man das Muster der Fassade zerlegt."

22) Richard Zürcher, Stilprobleme der italienischen Baukunst des Cinquecento, Basel 1947, S. 38: "Das manieristische Prinzip des Pluralismus, d.h. einer ins Endlose vermehrbaren Addition an sich selbständiger Einheiten, beherrscht die Gliederung der langgestreckten Hoffronten (der Uffizien). Wohl werden je drei Fensterachsen durch Pfeiler, Doppelkonsolen und Lisenen zusammengefaßt, aber die so geschaffenen Gruppen reihen sich in einer ausgesprochenen Monotonie des Rhythmus aneinander ..."

Zu Kapitel IV.

1) Editions Rencontre, S. 241: "Ce que premier il trouve à son avènement fut le préparatif du brave bâtiment que désignait pour lors la peste florentine: de dix mille maisons il voua la ruine pour étoffe au dessein: le serpent captieux entra dans cette reine, et pour y entrer mieux fit un corps aéré de colonnes parfaites, de pavillons hautains, de folles girouettes, de dômes accomplis, d'escaliers sans noyaux, fenestrages dorés, pilastres et portaux, des salles, cabinets, des chambres, galeries; enfin d'un tel projet que sont les Tuileries." S. 266: "Cependant que Néron amusait les Romains au théatre et au cirque à des spectacles vains, tels que ceux de Bayonne ou bien des Tuileries ..."

2) Editions Rencontre, S. 75: "Et si telles dépenses coûtoient, aussi donnoient-elles du plaisir; disant en cela souvent qu'elle vouloit imiter les empereurs romains qui s'étudioient d'exhiber des jeux au peuple et lui donner plaisir". S. 8o: "Mais quelle cour étoit-ce? Telle que je crois que jamais emperière de Rome de jadis n'en a tenu ..."

3) I, VIII Fol. 2o r: "... il n'y a celuy, qui ait quelque jugement, qui ne trouve les oeuvres de cette très-bonne et magnanime princesse très-admirable et dignes de sa grandeur: voire trop plus grandes (s'il plaît à Dieu lui donner la grâce de parachever) que Roy ne prince en aient encore fait faire dans ce royaume; comme un chacun de ceux qui en sont capables le pourra juger, voyant le commencement dudit palais."

4) Die die Baugeschichte betreffenden Fakten sind A. Berty entnommen, Topographie historique du vieux Paris I und II, Paris 1866 und 1868

5) Architecture I, VIII, Fol. 2o r: "Ainsi qu'on voit auhourd'hui être fait au palais de la Majesté de la Reine Mère à Paris, laquelle pour son gentil esprit et entendement très admirable accompagné d'une très grande prudence et sagesse, a voulu prendre la peine, avec un singulier plaisir, d'ordonner le département de sondit palais, pour les logis et lieux des salles, anti-chambres, chambres, cabinets et galeries, et me donner les mesures des longueurs et largeurs, lesquelles je mets en exécution en sondit palais, suivant la volonté de sa Majesté."

6) H. de la Ferrière, Lettres de Catherine de Médicis, Bd. II, S. 247: "Mon cousin, j'escriptz présentement au prévost des marchans de faire avec les eschevins et aultres du conseil de la ville de Paris que, au lieu de continuer les fortiffications tout du long, d'un boult à l'aultre, qu'ilz facent commencer à travailler et faire la chaussée et grosse muraille qu'il fault faire au long des Bonshommes, comme chose très nécessaire, ensemble le bolevart et fossés avec les quays qui doyvent estre de ce cousté et à l'endroit du jardin de mon palais des Thuilleries, afin que l'un et l'aultre puissent estre faictz, s'il est possible, en mesmes temps ..."

7) Siehe M. F. Hoffbauer, Paris à travers les âges, Bd. II, Paris 1885, Le Palais des Tuileries, P. VI

8) abgebildet in Gébelin, a. a. O., S. 164

9) Siehe L. de la Tourrasse, Le chateau neuf de St Germain-en-Laye, Gaz. d. B.-Arts 1924 I, S. 68 ff.

10) Kapitel XXIII: "J'avois délibéré ainsi faire à S. Germain en Laye, à la grande gallerie que la Majesté du feu Roy Henry avoit commandé faire, pour aller du pont qui est au chateau du costé du parc à la maison du théatre et baignerie, que j'avois commencé à edifier de neuf, regardant sur le port au Pec, qui eust esté une oeuvre fort rare et incogneue à peu de personnes."

11) "Ce jour le Roy a mandé Messieurs les Prévosts des Marchans et Eschevins et leur a ordonné faire clorre de grosse maconnerye la seconde descente approchant au port S. Nicolas, devant les closture du Louvre, à l'endroict d'une gallerie que Sa Majesté a ordonné estre faicte en ce lieu."

12) "Davantage ont esté par ladite dame encommencez quelques accroissemens de galleries et terraces du costé du pavillon pour aller de là au palais qu'elle a fait construire et édifier au lieu appelé les Tuileries".

13) Chronologie septenaire, Paris 1866, S. 283: "Les superbes galleries, pour aller du Louvre aux Thuilleries, furent commencées seulement par Charles IX qui n'y fit que mettre la première pierre de l'advis de la reine sa mère, Catherine de Médicis".

14) B. Morisot, Henricus Magnus, Paris 1624

15) Siehe Weege, Das goldene Haus des Nero, in: Jhb. des D. Arch. Instituts 1913, S. 129 ff. und Sueton, Nero 31

16) "... pour parachever et rendre en sa perfection le pallais et maison que la Royne, notre très honorée dame et mère, fait bastir aux Thuilleries lez nostre ville des Paris ..."

17) "entièrement et du tout empesché le dessein longtemps jà fait d'accompagner le Louvre d'un si beau palais".

18) "afin qu'une tant louable et nécessaire entreprise soit mise à fin".

ABBILDUNGSTEIL

1) Ducerceau, Grundriß des Palastes, BM 78

2) Ducerceau, Grundriß der Gesamtanlage, BM 77

3) Ducerceau, Aufriß der Garten- und Hofseite des mittleren Gartenflügels, BM 82

4) Ducerceau, Detailzeichnung der Gartenseite des mittleren Gartenflügels, BM 84

5) Ducerceau, Detailzeichnung der Hofseite des mittleren Gartenflügels, BM 83

6) Ducerceau, Kavalierperspektive, BM 8o

7) Ducerceau, Zentralperspektive, BM 81

8) St Maur I

9) St Maur II

1o) Poggio Reale

11) Ducerceau 41

12) Fra Giocondo, Rekonstruktion des römischen Hauses, kleine Lösung

13) Fra Giocondo, Rekonstruktion des römischen Hauses, große Lösung

14) Palladio, Forum

15) Serlio, Palast des Gouverneurs

16) Ducerceau 4o

17) Cesariano, Palaestra

18) Serlio, Tempelvorhof

19) Delorme, Rotunde

Bildernachweis

Abb. 1 - 7   Courtauld Institute of Art, London

Abb. 7 - 19 Kunsthistorisches Institut der Universität Kiel

ABBILDUNGEN

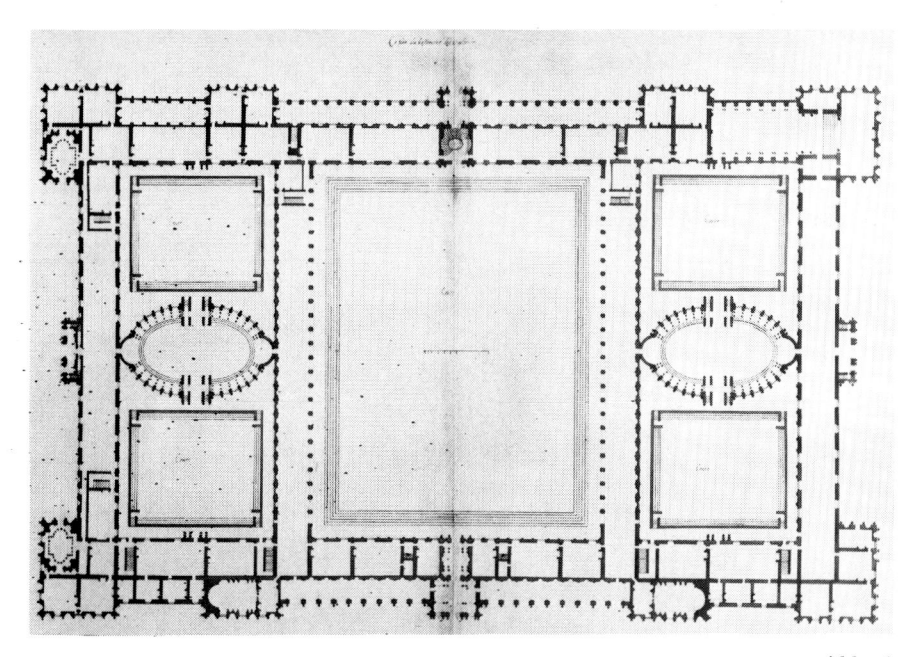

Abb. 1

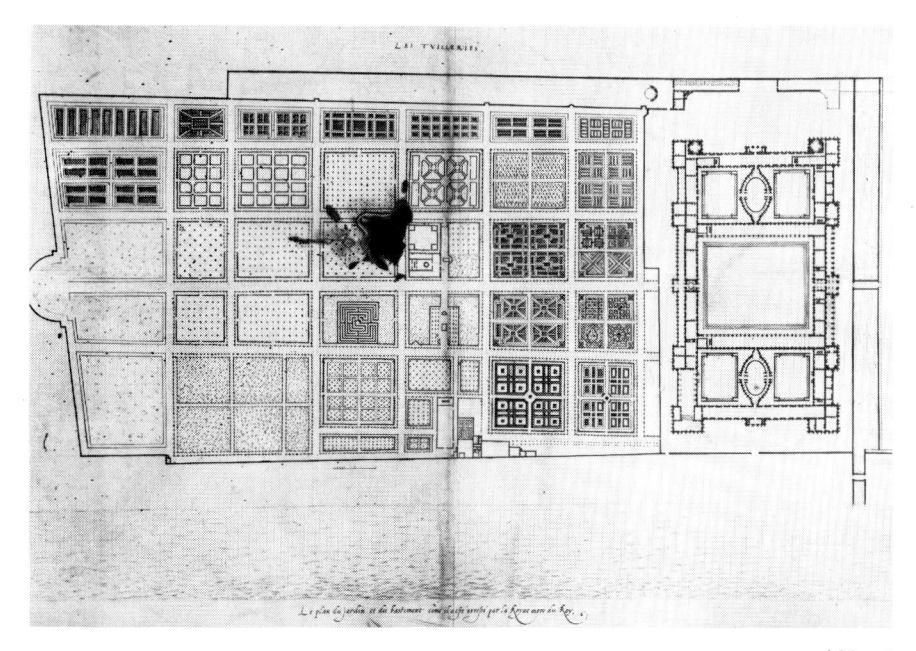

Abb. 2

Abb. 3

Abb. 4

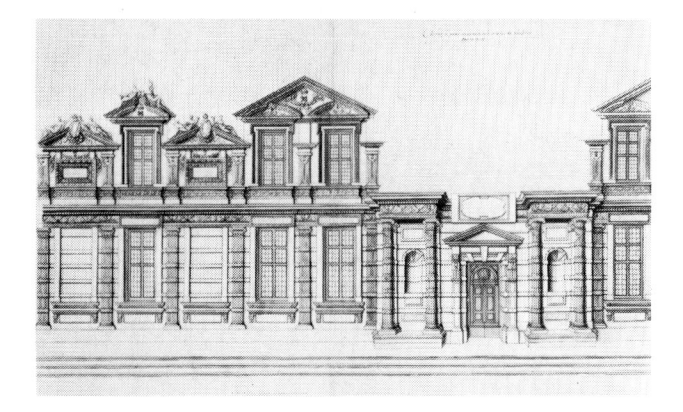

Abb. 5

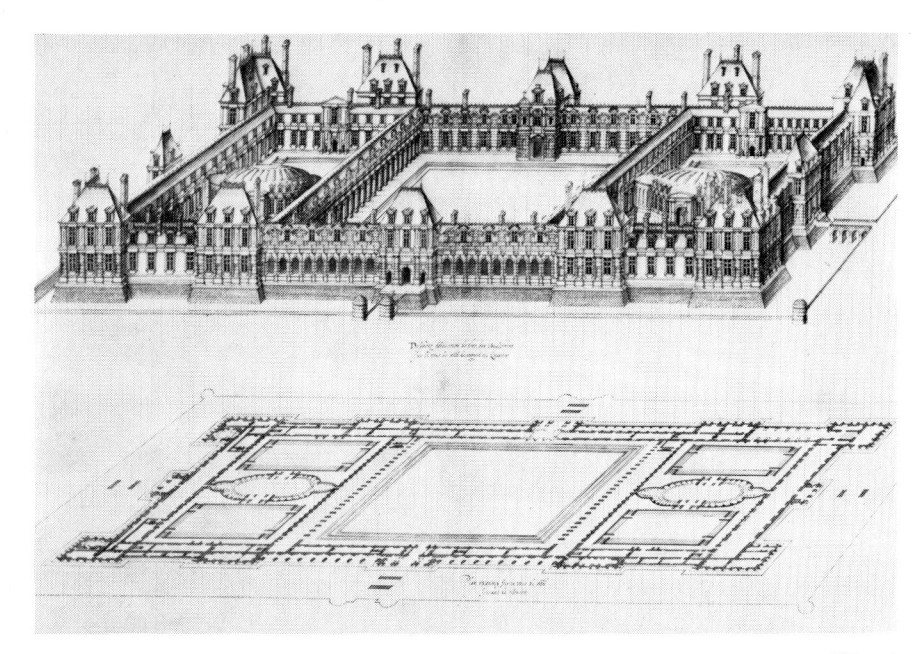

Abb. 6

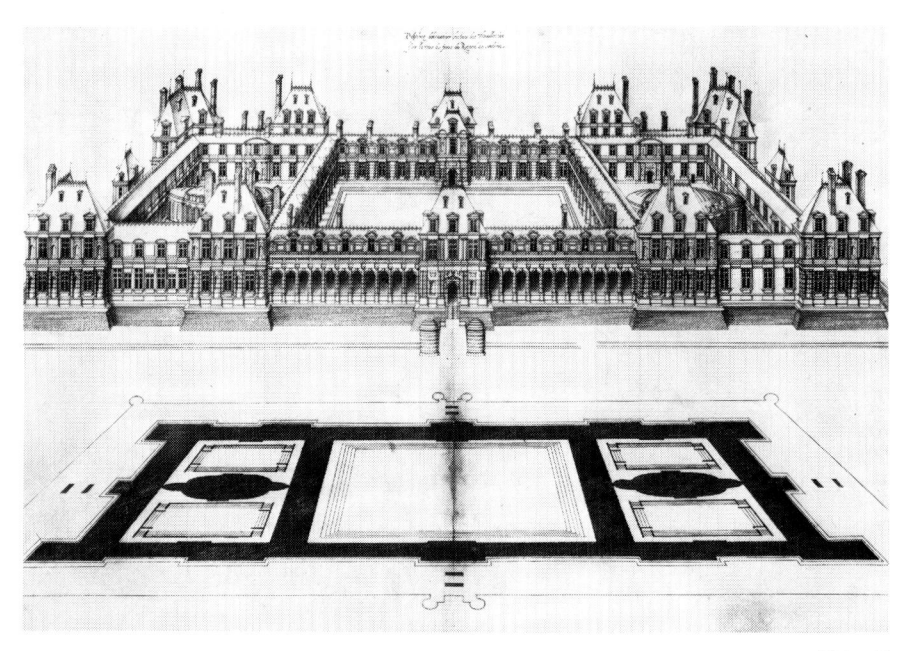

Abb. 7

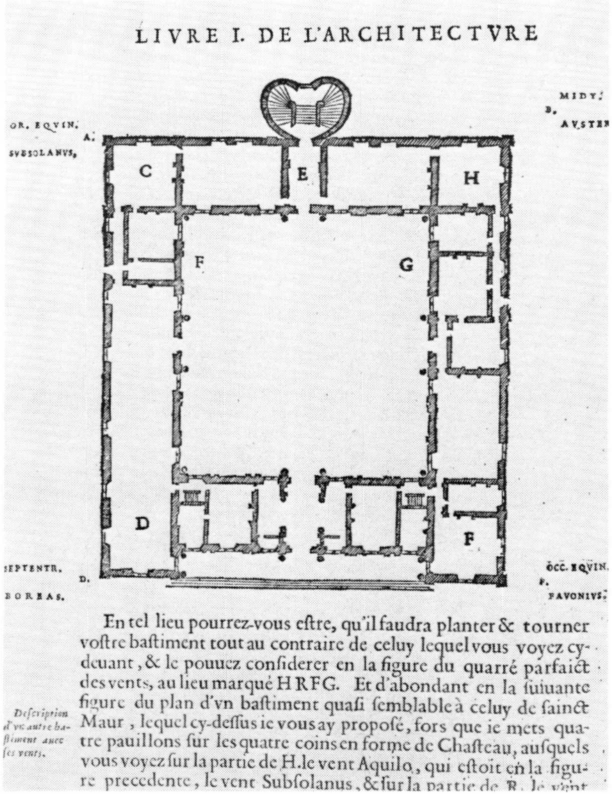

LIVRE I. DE L'ARCHITECTVRE

En tel lieu pourrez-vous estre, qu'il faudra planter & tourner vostre bastiment tout au contraire de celuy lequel vous voyez cy deuant, & le pouuez considerer en la figure du quarré parfaict des vents, au lieu marqué H R F G. Et d'abondant en la suiuante figure du plan d'vn bastiment quasi semblable à celuy de sainct Maur, lequel cy-dessus ie vous ay proposé, fors que ie mets quatre pauillons sur les quatre coins en forme de Chasteau, ausquels vous voyez sur la partie de H. le vent Aquilo, qui estoit en la figure precedente, le vent Subsolanus, & sur la partie de R. le vent

Abb. 8

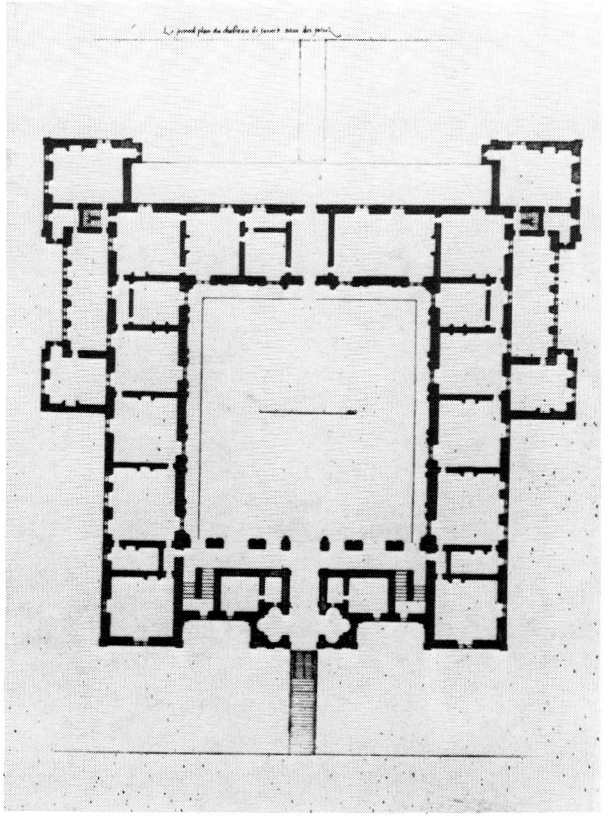

Abb. 9

Abb. 10

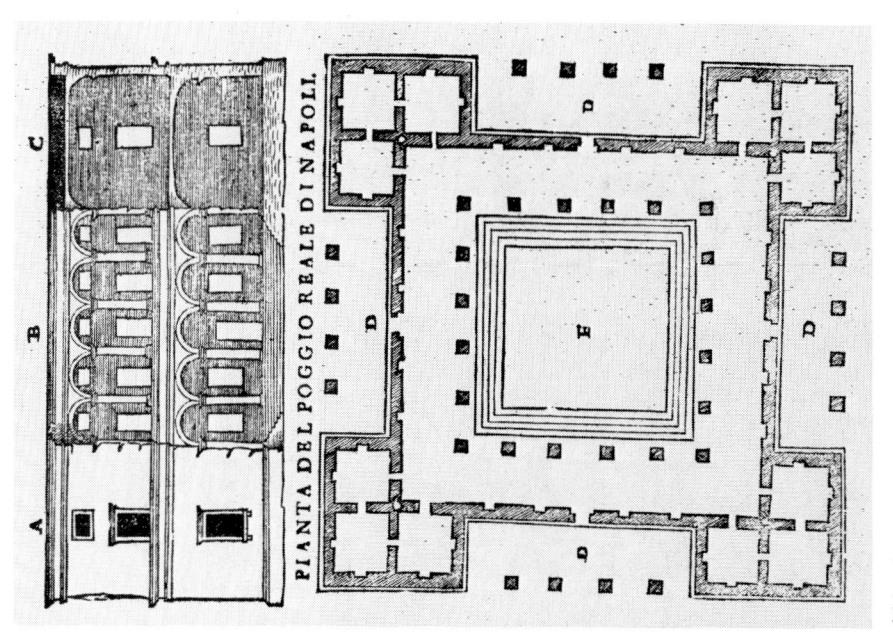

Abb. 11

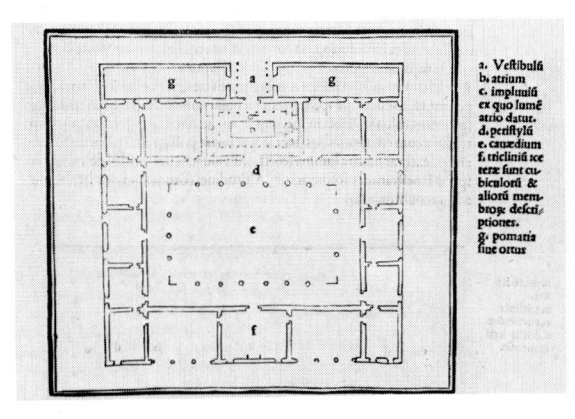

Abb. 12

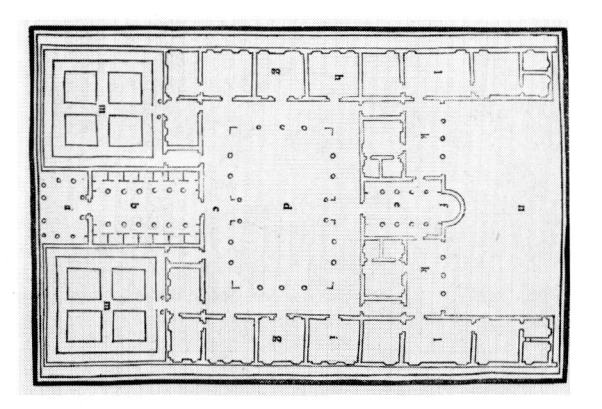

Abb. 13

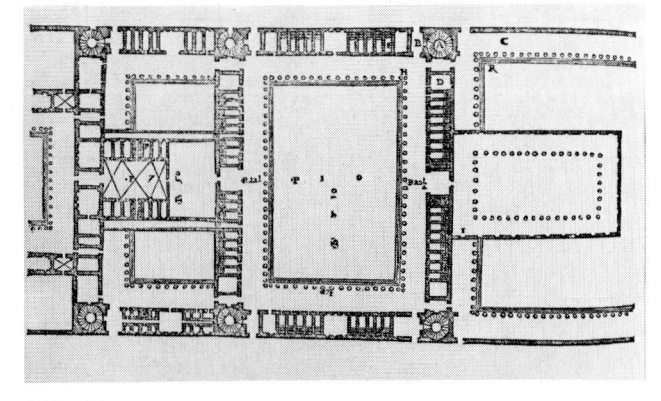

Abb. 14

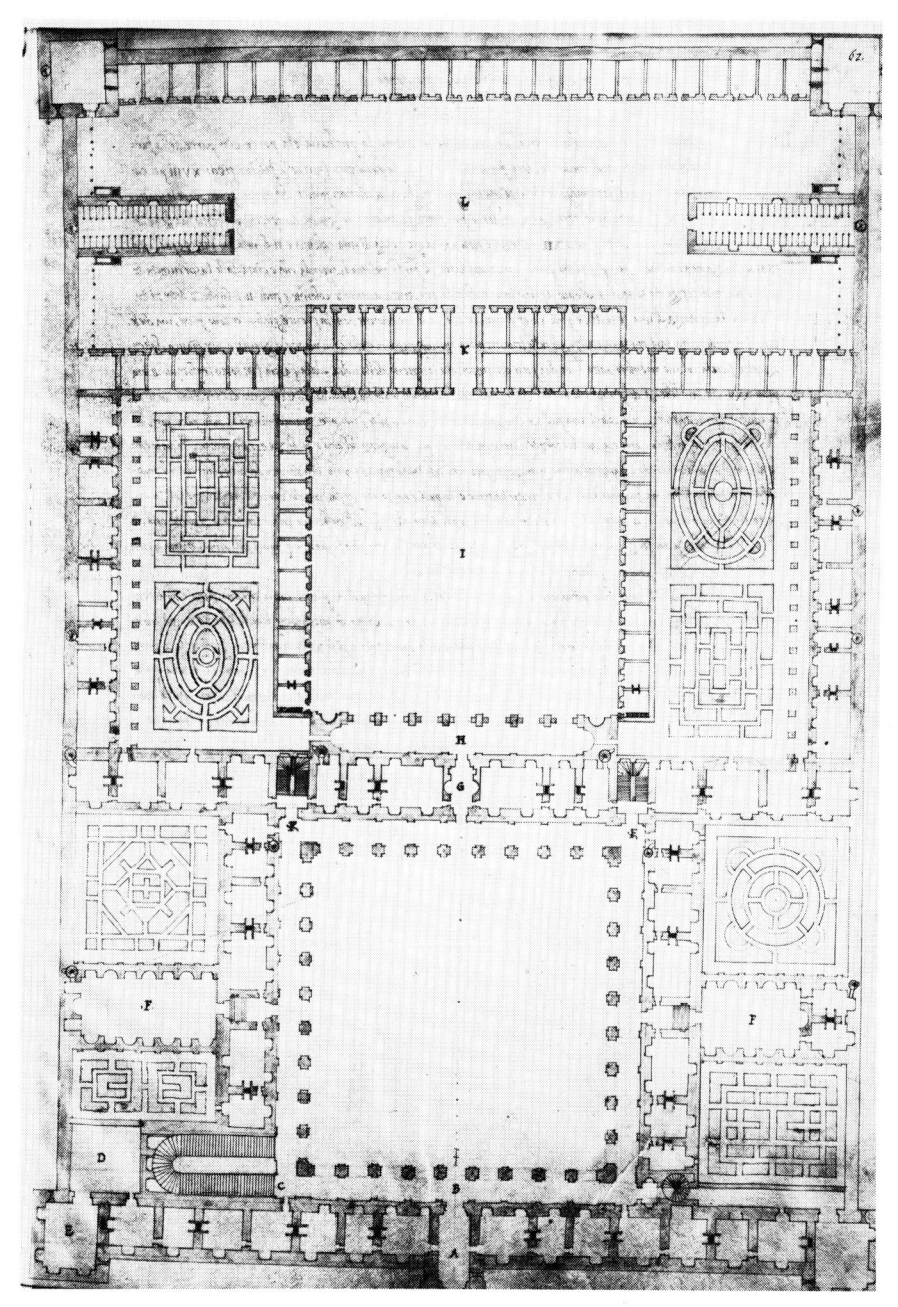

Abb. 15

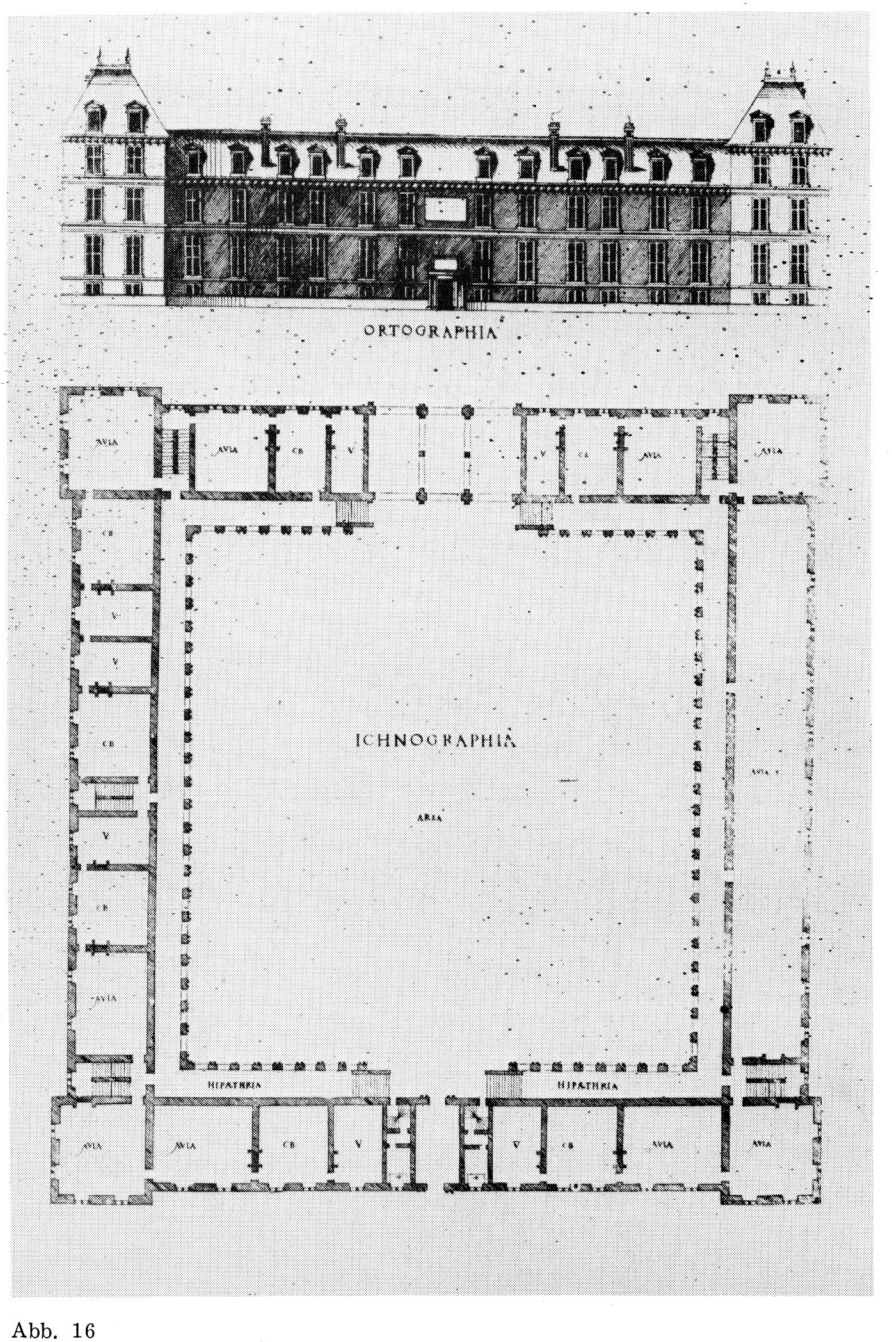

Abb. 16

Abb. 17

pianta qui sotto era un cortile dauanti al Tempio di Bacco con un portico intorno, per quanto si comprende per alcuni molto rouinati, & all'incontro di tutti li spaŋ fra le colonne era un nicchio ornato di colonnelle, dentro del quale è una statua. Era questo cortile in forma ouale molto lunga, & la sua lunghezza era palmi cinquecento ottantaotto, & ghezza palmi cento quaranta.

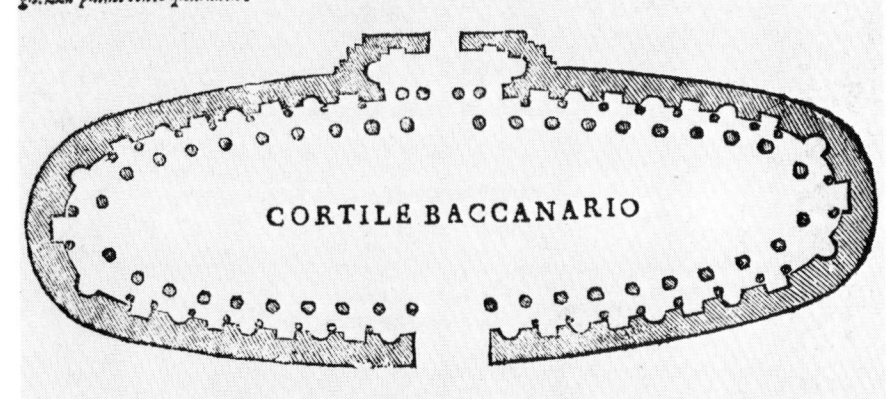

CORTILE BACCANARIO

Il Tempio di Bacco (come ho detto) è ricco di molti ornamenti. & di compartimenti varŋ; ma io non tutti, ma parte uero dimostrare, & le tre inuentioni qui sotto disegnate sono nel detto Tempio, parte di belle pietre, & parte di musaico.

Abb. 18

Abb. 19

Denis André Chevalley
Der große Tuilerienentwurf
in der Überlieferung Ducerceaus

Kieler Kunsthistorische Studien

Herausgegeben von Erich Hubala
Kunsthistorisches Institut der Universität Kiel

Bd. 3

Herbert Lang Bern
Peter Lang Frankfurt/M.
1973